책 쓰기로 날아오르다

북플라잉
BOOK
FLYING

북플라잉 *BOOK FLYING*

펴낸날 2025년 10월 13일

지은이 박성배
펴낸이 주계수 | **편집책임** 이슬기 | **꾸민이** 이슬기

펴낸곳 밥북 | **출판등록** 제 2014-000085 호
주소 서울시 마포구 양화로 156 LG팰리스빌딩 917호
전화 02-6925-0370 | **팩스** 02-6925-0380
홈페이지 www.bobbook.co.kr | **이메일** bobbook@hanmail.net

ⓒ 박성배, 2025.
ISBN 979-11-7223-116-3 (03190)

※ 이 책은 저작권법에 따라 보호받는 저작물이므로 무단전재와 복제를 금합니다.

책 쓰기로 날아오르다

북플라잉

BOOK FLYING

박성배 지음

독서법 · 쓰기법 · 브랜딩법(책쓰기 건축술 8단계)

- 100권 북코칭
- CBS방송 책 만들기 진행
- 극동 방송 HIS BOOK 진행

Prologue

17년간 만 권의 책을 읽고 100권의 책을 만들다

17년간의 작은 습관들이 쌓여서 북플라잉(BookFlying)의 기적을 만들었다. 2009년 9월부터 꾸준히 실천한 작은 습관들이 쌓여서 100권의 책을 만든 코칭전문작가가 되게 하였다. 위대한 업적은 날마다 실천하는 작은 습관이 쌓여서 이루어진다. 나를 코칭전문작가로 만든 건 6가지 작은 습관의 기적이었다. 매일 하는 작은 습관들이 쌓여서 기적이 일상이 되었다.

2009년 9월, 새로운 인생을 위한 결단을 했다. '독서와 글쓰기로 나를 성찰한다. 어떠한 환경에서도 원망이나 불평하며 신세타령을 하지 않는다. 경제적으로 자립한 후에 인생의 새 출발을 한다.' 이렇게 결심을 하고 17년간 꾸준히 실천한 6가지의 작은 습관들이 쌓여서 모든 사람들이 인정하는 신뢰받는 코칭전문작가가 되었다.

첫째는, 말씀 묵상과 사색의 습관과 기도이다.
아침에 눈을 뜨면, 요한복음, 이사야서, 로마서, 바울서신 등을 듣고 묵상했다. 그리고, 늘 깊이 생각하는 사색의 시간을 갖고 기도했다.

두 번째는, 마음 근육을 튼실히 키우는 독서 습관의 기적이다.

독서광들, 빌 게이츠, 오프라 윈프리, 리카싱, 손정의, 워런 버핏, 에디슨처럼 17년간 매일 책을 읽었다. 도서관 책을 보았고, 교보에서 1,000권 이상의 책을 구입해서 밑줄을 그으면서 읽었다. 17년간의 꾸준한 독서 습관은 마음 근육을 튼실하게 해주었고, 날마다 거뜬히 일어나 움직일 수 있는 힘을 주었다.

세 번째는, 꿈을 현실화하는 쓰기 습관의 기적이다.

코엘료, 조앤 롤링, 사무엘 즈웨머, 다윗, 바울, 이지성, 공병호, 공지영, 박경리, 박완서, 나폴레온 힐 등의 작가들처럼, 힘겨운 날에도 꾸준히 글을 써서 내 책 20권, 코칭저서 80여 권을 써냈다. 쓴 책들이 내 인생에 날개를 달아 주었다.

네 번째는, 건강을 위한 운동 습관의 기적이다.

매일 1시간씩 걷기 습관은 건강한 몸을 만들어 주었고, 매일 아령 30개씩 하기 습관은 몸에 근육을 만들어 자신감을 심어 주었다.

다섯 번째는, 꿈을 현실화하기 위한 꾸준한 실천 습관이다.

작은 실천을 꾸준히 하였다. 글을 써서 출간하는 책쓰기 습관, 책쓰기 코칭의 실천 습관, 방송의 실천 습관, 강의의 실천 습관 등 꾸준한 작은 실천들이 쌓여서 코칭전문작가의 꿈을 이루어 주었다.

여섯 번째는, 포기하지 않고 꿈을 키워가는 습관이다.

교회 하나건축에서 이제는 하나북스와 하나미션의 꿈을 키워가고 있다. 빌 게이츠(마이크로소프트사), 스티브 잡스(애플), 하워드 슐츠(스타벅스), 월트디즈니(디즈니랜드), 헨리 포드(자동차왕), 베르디(오페라 작곡왕), 나폴레온 힐(성공학과 부자학의 거장), 에디슨(발명왕), 헬렌 켈러(고난 극복의 여왕), 베토벤(음악의 아버지), 벤저민 프랭클린(13가지 덕목의 자서전) 등처럼, 꿈을 현실화해가는 사람이 되었다.

17년간 꾸준히 한 6가지 습관이 나를 인정받는 코칭전문작가로 만들었다. 하루하루의 노력이 17년간 쌓여서 만든 기적이었다. 사람들은 누구나 성공하기를 원하고, 한 분야에서 최고의 전문가가 되기를 원한다. 은퇴 없는 100세 현역 인생을 꿈꾼다. 그러나 그 꿈은 날마다 꾸준히 실천하는 작은 습관이 쌓이고 쌓여서 기적처럼 이루어져 가는 것이다.

누구나 인생은 한 권의 책이 될 수 있다.

나는 17년간 꾸준히 독서를 해왔고 2009년 9월부터 집중 독서를 하면서 지금까지 20여 권의 책을 썼다. 책을 쓰면서 글쓰기를 날마다 배우고 있다. 이번 책은 그동안 책을 읽고 쓰고 코칭하면서 체험한 이야기이다. 누구나 인생은 한 권의 책이다. 그래서 최고의 인생으로 브랜딩 되는 길을 가이드하고자 이 책을 썼다. 책을 읽으면서 내 인생이 변하기 시작했고 책을 쓰면서 강의와 방송도 하게 되었다. 그 후 책을 쓰고자 하는 많은 분들을 코칭해 왔다. 사회 각계각층의 사람들이 한 권의 책을 쓰고 인생 브랜딩이 되었다.

책이 내 인생에 기적을 선물해 주었다.

10년이면 강산도 변한다는 말이 있다. 2009년 어느 추운 겨울날 나는 영종도서관 3층의 발코니에서 창밖을 내다보고 있었다. 그때 나의 상황은 어느 모로 보나 절망 그 자체였다. 2007년에 건물을 지으면서 발생한 수억의 빚과 매월 내야 하는 수백만 원의 이자를 감당할 길이 없었다. 이러한 현실 앞에서 나는 절망할 수밖에 없었다. 희망이라고는 0.1%도 보이지 않는 나날들이 계속되었다. 그때 나는 아무 데도 갈 곳이 없었고 미래에 희망이라는 것을 전혀 찾을 수가 없었다. 그래도 평소에 책을 좋아하던 나는 영종도서관으로 날마다 책을 보러 갔다. 책을 펴놓고 읽으려고 애를 썼지만 인생의 짐과 재정적으로 빚에 눌려 글자들이 눈에 들어오지 않았다. 그렇게 몇 달이 계속되었다. 그런데 신기하게도 읽은 문장들이 점점 마음에 들어오기 시작하였다. 책을 읽으면서 마음에 감동이 되는 구절들을 메모하기 시작했다. 그 한 구절 또 한 구절이 내 마음에 힘을 주기 시작했다. 그렇게 책을 펼쳐 보면서 절망의 안개는 서서히 걷히고 내 인생의 미래에 책과 함께 희망의 태양이 떠오르고 있었다.

그렇게 17년의 세월 동안 나는 오롯이 책을 읽고 책을 썼다. 책을 한 권씩 출간하면서 조금씩 일어나게 되었다. 책을 출간하고 출판기념회를 하였고 책의 내용으로 강의를 하였으며 방송의 길도 열리게 되었다. 그 후 교수가 되었고 책 쓰기 코칭을 하는 작가가 되었다. 생각해 보면 이 모든 일이 책을 읽고 책을 썼기 때문에 가능한 일이었다. 책이 기적을 안겨 준 것이다. 책은 끝이 좋다. 성경과 인문학 등 수많은 책들은 나에게 다시 살아갈 힘과 용기를 선물해 주었다. 그리고 나처럼 좌절하고 낙심해 있는 사람들을 책 쓰기로 일으켜 세우도록 책 쓰기 관련 책을 쓸 수 있는 기적의 선물도 받았다.

이 책은 누구나 쉽게 자신의 인생을 한 권의 책으로 써서 브랜딩 할 수 있도록 돕기 위한 것이다. 배우든, 가수든, 목회자든, 선교사든, 사업가든, 청년이든, 노인이든 막론하고 누구나 이 책을 보면서 책을 쉽게 쓸 수 있기를 바라는 마음 간절하다. 이제 당신도 한 권의 책을 써보라. 당신의 인생이 최고의 인생으로 브랜딩 되는 길을 발견하게 될 것이다.

2025년 10월

박성배

차례

Prologue 17년간 만 권의 책을 읽고 100권의 책을 만들다 004

1부 | 박성배 작가의 북플라잉 - 독서론

독서, 세계를 지배하는 0.1% 인재들의 비밀	016
만 권의 책 속을 여행하다	021
마음 근육을 살찌게 하는 밑줄의 흔적	028
독서로 쌓는 탄탄한 인생 콘텐츠	035
천재의 뇌를 만드는 꾸준한 책 읽기	040
인생 최고의 투자는 책	044
위대한 세종을 만든 독서	050
모든 명작은 고난의 때에 탄생했다	055
삶의 절망이 희망으로 바뀌는 책의 힘	063

책읽기 팁 돈 들이지 않고 보물을 건지는 도서관 067

2부 | 박성배 작가의 북플라잉 - 쓰기론

나폴레온 힐(Napoleon Hill)의 글쓰기 · · · · · · · · · · · · · · · · · · **076**

고난을 이긴 사람들은 책을 썼다 · **085**

책쓰기와 함께 이루어진 꿈 · **096**

비즈니스의 터닝포인트, 책쓰기 · **101**

사명을 감당하는 목회자와 선교사의 책쓰기 · · · · · · · · · · · **107**

청춘의 희망을 만들어가는 책쓰기 · · · · · · · · · · · · · · · · · · · **117**

"65세부터 95세까지가 내 인생의 전성기" · · · · · · · · · · · · · **121**

책쓰기로 일구는 진정한 인생 2막 · **124**

내 인생이 영원히 남는 책쓰기 · **129**

책쓰기 팁 책쓰기 토대가 되는 독서 메모 노트 · · · · · · · · **133**

3부 | 박성배 작가의 북플라잉 - 브랜딩론

100권의 책을 만들고 5-1,000(5,000)미션을 시작하다 136
인간은 기록된 분량만큼 존재한다 144
책쓰기는 100세 시대 최고의 친구 147
인생길에 발자국을 새기는 책쓰기 150
인생 콘텐츠가 꽉 찬 사람은 누구나 만나고 싶어 한다 154
인생의 집을 짓고 꿈을 짓는 책쓰기 159
책을 통해 큰 그릇으로 준비된 링컨에게 배우다 162
100세 시대 자기계발과 인생브랜딩 166
또박또박 희망을 쓰는 책쓰기 169
가장 가치 있고 보람된 책쓰기 미션 174

책쓰기 팁 책의 보석창고인 서재는 책쓰기 집중력을 키운다 177

4부 | 박성배 작가의 북플라잉 - 책쓰기 건축술 8단계

책쓰기 건축술 1단계 : 책쓰기는 집 짓기, 독서 기초부터 다져라 182

책쓰기 건축술 2단계 : 내 인생을 대표하는 키워드를 찾아라 189

책쓰기 건축술 3단계 : 끌어당기는 목차 만들기 194

책쓰기 건축술 4단계 : 끌어당기면서도 튼실한 콘텐츠로 확정하기 199

책쓰기 건축술 5단계 : 감동 스토리가 담긴 프로필과 프롤로그 쓰기 204

책쓰기 건축술 6단계 : 한 권의 책은 제대로 된 한 꼭지에서 시작된다 214

책쓰기 건축술 7단계 : 몰입과 혼신의 힘으로 초고를 완성하라 218

책쓰기 건축술 8단계 : 빈틈이 없어야 할 에필로그, 출간기획서, 출간 후 마케팅 222

책쓰기 팁 코칭을 받으면 책쓰기가 쉬워진다! 230

부록 236

Epilogue 이제 당신도 한 권의 책을 써보라 262

1부

박성배 작가의 북플라잉

독서론

독서, 세계를 지배하는
0.1% 인재들의 비밀

    내가 17년간 집중하여 만 여권의 책을 읽고, 100 여권의 책을 만들면서 경험한 세계를 지배하는 0.1%의 인재들의 비밀은 '독서'이다. 우리 한국 사회는 학벌이 좋아야 성공한다고 말한다. 물론 최선의 노력으로 좋은 대학에서 공부하는 것도 필요하다. 그러나 진정으로 성공한 부자들은 모두 다 독서하는 사람들이었다. 2019년 연합뉴스에서 신년 특집으로 방영한 〈세계 0.1% 리더의 비밀〉은 빌 게이츠, 오프라 윈프리, 워런 버핏 등의 세계 최고 부자들이 하루아침에 부를 이룬 것이 아니고 독서를 통한 부자 습관이 쌓이고 쌓여서 만들어진 것임을 보여주었다. 왕안석은 "어리석은 자는 독서함으로 현명함을 얻고, 현명한 자는 독서함으로 부자가 된다"라고 했다.

    마음의 양식이 부유한 데서 부자가 시작된다. 책에는 폭넓은 지식이 축적되어 있다. 늘 손이 닿는 곳에 책을 두고 하루 10분이라도 꾸준히 좋은 책을 읽어 내면을 풍요롭게 채워갈수록 사람들을 만날 때 여유가 생긴다. 그렇게 여유 있는 내면을 지니면서 다른 사람을 만나면 일이 잘될 수밖에 없다. 내가 지난 17년간 집중해서 책을 읽으면서 만난 세계 상위 0.1%의 부자들인, 손정의, 리카싱, 에디슨, 앤드루 카네기 등은 모두 독서의 사람들이었다. 책이 부자를 만든다. 독서의 사람이 세계를 이끌어가는 상위 0.1%의 리더가 된다.

『인생을 바꾸는 부자 습관』의 저자 콜리는 미국에서 상위 0.1%에 해당하는 부자들의 습관을 오랫동안 연구한 결과를 책으로 출간했다. 콜리가 말하는 '인생을 바꾸는 부자 습관 10가지'는 다음과 같다.

1. 책 읽기 등 좋은 습관 만들어 지키기
2. 매일, 매월, 매년의 계획 세우기
3. 자기 자신의 성장과 발전을 위해 노력하기
4. 건강을 돌보기 위해 일정 시간 투자하기
5. 평생을 함께할 관계를 맺는 데 노력하기
6. 절제하며 살기
7. 3개의 우선순위를 정하면서 일일의 과제 성취하기
8. 항상 부자가 되는 생각하기

9. 총소득의 10% 저축하기
10. 남을 험담하지 않는 등 생각과 감정을 통제하기

빌 게이츠가 세계 최고의 부자가 된 비결은 일시적인 행운에 있지 않았다. 빌 게이츠의 독서 습관은 아버지에게서 물려받았다. 어린 시절부터 독서가 생활화된 가정에서 자랐고 가족과 함께 도서관에 다녔다. 10살이 되기 전에 백과사전 전체를 독파하고 도서관 대회에서 전체 1등을 차지하기도 했다. 세계 최고 IT 거장이 된 이후에도 자신의 성공 비결은 어린 시절 독서 습관이라고 말하며 평일에도 매일 1시간, 주말에도 서너 시간, 여행 중에도 책을 들고 가서 꾸준히 독서했다. 지속적인 독서의 힘이 그를 세계 최고의 부자로 만들었다.

독서는 많은 사람들에게 지식과 영감을 주는 중요한 도구이다. 다음은 독서로 세계적인 부자가 된 10명의 인물이다.

1. 워런 버핏(Warren Buffett) 투자의 귀재로 알려진 워런 버핏은 독서를 통해 투자에 대한 지식과 통찰력을 키웠다.

2. 마크 큐반(Mark Cuban) NBA의 댈러스 매버릭스 구단주인 마크 큐반은 독서를 통해 비즈니스와 투자에 대한 지식을 습득하고, 이를 바탕으로 성공적인 기업가로 성장했다.

3. 오프라 윈프리(Oprah Winfrey) 오프라 윈프리는 독서를 통해 자신의 인생과 비즈니스에 대한 영감을 얻었다.

4. 리처드 브랜슨(Richard Branson) 버진 그룹의 창업자인 리처드 브랜슨은 독서를 통해 다양한 분야에 대한 지식을 습득하고, 이를 바탕으로 성공적인 기업가로 성장했습니다.

5. 제프 베저스(Jeff Bezos) - 아마존의 창업자인 제프 베저스는 독서를 통해 다양한 분야에 대한 지식을 습득하고, 이를 바탕으로 성공적인 기업가로 성장했다.

6. 하워드 슐츠(Howard Schultz) 스타벅스의 창업자인 하워드 슐츠는 독서를 통해 다양한 분야에 대한 지식을 습득하고, 이를 바탕으로 성공적인 기업가로 성장했다.

7. 잭 마(Jack Ma) 알리바바의 창업자인 잭 마(마윈)는 독서를 통해 다양한 분야에 대한 지식을 습득하고, 이를 바탕으로 성공적인 기업가로 성장했다.

8. 래리 엘리슨(Larry Ellison) 오라클의 창업자인 래리 엘리슨은 독서를 통해 다양한 분야에 대한 지식을 습득하고, 이를 바탕으로 성공적인 기업가로 성장했다.

9. 일론 머스크(Elon Musk) 테슬라와 스페이스X의 창업자인 일론 머스크는 독서를 통해 다양한 분야에 대한 지식을 습득하고, 이를 바탕으로 성공적인 기업가로 성장했다.

10. 리카싱(Li Ka Shing) 천쿵그룹 회장으로 독서를 통해서 아시아 최대의 부자로 우뚝 서게 되었다. 홍콩의 빌 게이츠로 불리며, 세계적인 부호가 된 그의 일대기는 『무한의 부』로 출간되었다.

나는 초등학교 5학년 때 담임이신 한용 선생님 덕분에 독서를 시작하게 되었다. 현재 내가 코칭전문작가로 많은 사람의 책을 기획해서 코칭할 수 있는 힘도 '독서'에서 나온다. 전기도 들오지 않던 민통선 마을의 12살 소년이던 내게 첫 책을 읽게 해준 한용 선생님은 내게 『이태리 건국 삼걸전』과 『케말파샤전』을 읽게 해주셨다. 그 덕분에 나는 마찌니와 같은 통일의 꿈을 지닌 글 작가로 극동방송에서 〈통일을 앞당겨 주소서〉를 진행하고 책으로 출간할 수 있었으며, 『케말파샤전』을 통해서는 '독서하는 리더로서의 아타투르크'를 배울 수 있었다. 2007년 터키 앙카라의 아타투르크 궁전을 직접 가서 그의 장서 만 여권이 전시된 곳을 직접 볼 수 있었다. 모든 훌륭한 지도자들은 독서의 사람이다.

만 권의 책 속을 여행하다

　내게 절망적인 상황을 이기고 희망을 만들어 낼 수 있도록 이끌어 준 것은 책 속으로의 여행이었다. 2007년 영종도에 건축한 건물로 이사하고 조금 지난 2009년 3월 25일 인천공항 신도시에 영종도서관이 새로이 개관했다. 도서관이 개관한 이후 17여 년간 꾸준히 도서관을 방문하여 책을 보고 글을 써왔다. 나는 도서관에 있는 책 11만여 권 중에서 만 권 이상의 책을 읽었다. 어떤 책은 정독했고 어떤 책은 부분적으로 읽었다. 어떤 날은 오전 9시부터 오후 10시까지 책상에 책을 쌓아 놓고 수십 권을 필사하면서 본 날도 있었다. 그렇게 17여 년 동안 책 속을 여행하면서 책 속에서 많은 사람을 만났고 그들을 통해서 미래를 살아갈 마음의 양식을 얻었다.

　일본의 작가 인나미 아쓰시는 하루 2권의 책을 읽으면서 나를 성장시킬 문장을 찾아 웹미디어 '라이프 해커'에 서평을 쓰기 시작했다. 이 활동을 하며 대량의 책을 빨리 읽는 비법을 터득하게 되었는데 비법을 알려준 도서는 인나미 아스시의 『1만 권 독서법』이다. 이 책에서 저자는 다음과 같이 말한다.

> 적어도 개인적으로는 책을 읽지 않는 인생보다는 책을 읽는 인생이 훨씬 즐거울 것이라 생각합니다. 시간과 장소에 구애받지 않고 오로지 나에게만 집중하는 시간, 그것이 독서가 주는 가장 큰 매력이 아닐까요? 제가 지금 실행하고 있는 연간 700권 읽기의 독서 생활을 이대로 10년간 지속한다면 7,000권의 책을 읽게 됩니다. 그렇게 되면 1만 권 이상의 책을 만나게 되는 것도 결코 불가능한 일은 아닐 것입니다. 1만 권의 책이 내 몸속에 흐르고 있다고 상상만 해도 두근거리지 않나요?

인나미 아스시는 현재 뉴스위크(일본판) 등 다수의 웹 미디어 서평란을 담당하면서 연간 700권 이상의 경이로운 독서량을 자랑하고 있다. '인생은 책을 얼마나 읽었느냐에 따라 달라진다'라고 한 인나미 아스시의 말에 전적으로 동감한다.

처음 책을 읽기 시작한 것은 초등학교 5학년 때로 거슬러 올라간다. 당시에는 전기도 들어오지 않았던 민통선 근처의 마을에서 담임이신 한용 선생님이 내게 건네주신 『이탈리아 통일 삼걸전』과 『케말파샤전』은 내 인생에 등불이 되었다. 그리고 자수성가하여 만

석꾼의 집안으로 가문을 일으켜 세운 조부(박윤래)께서 강조하신 '머릿속에 넣어둔 지식은 아무도 가져갈 수 없다'는 교훈 덕분에 나는 힘든 시기를 보내며 책으로 지식을 쌓고 일어날 수 있었다. 아무리 힘들어도 지식을 소중히 여기라는 조부의 교훈이 나에게 17년간 1만 여권의 책을 읽게 하였다.

나의 본격적인 책 읽기는 대학 입시 재수생 시절부터였다. 재수생 시절 청계천 고서점을 드나들면서 책을 읽기 시작하였고 대학에 입학하고부터는 종로서적과 교보문고를 수시로 드나들면서 책을 더욱 가까이하였다. 2025년 106세의 나이로 계속 글을 쓰시는 김형석 교수의 『고독이라는 병』을 재수 시절에 처음으로 내 돈 주고 샀던 기억이 난다. 그때부터 시작된 나의 독서 여행은 40년간 계속되었다.

군대 시절에는 주변에 있는 모든 책을 볼 만큼 나의 독서는 계속되었다. 비록 군 생활은 책을 읽기 어려운 환경이지만 틈틈이 최선을 다해서 책을 읽었다. 나는 군대 시절에 성경을 여러 번 읽었고 루터의 책과 그룬트비의 자서전 등 수많은 책을 읽었다.

영국에서 선교 사역을 할 때도 휴일에는 서점에 가서 책을 보았다. 내가 선교 사역을 하던 영국의 레스터시티에는 좋은 서점이 있어서 쉬는 날에는 그곳에 가서 책을 읽었다. 특히 조용기 목사의 책이 레스터 시내 서점에서 베스트셀러로 판매되는 것을 보면서 한국인으로서 자부심을 느끼기도 했다. 조용기 목사의 책, 『기도(Prayer, key to revival)』는 당시 영국에서 최고의 베스트셀러였는데 나도 언젠가는 책을 써서 영국에서 내 책이 판매되는 꿈을 꾸기도 했다. 나는 늘 손에서 책을 놓지 않았고 나의 삶은 늘 책과 함께하였다.

2009년 9월부터 2025년까지 17년 동안 책에 미쳐서 살았다. 물이 100℃에 끓듯이 독서도 집중해서 하면 어느 순간에 지식이 폭발하듯 끓는 순간이 온다. 인생의 절박한 순간이었던 2009년 9월부터 절박한 생존 독서를 하기 시작하였다. 책을 읽었다기보다는 책을 먹었다고도 할 수 있다. 날마다 마지막 날인 것 같은 날들을 살아내면서 이겨낼 수 있었던 것은 독서의 힘이었다. 초등학교 5학년 때부터 시작된 나의 독서 여정이 2009년 9월부터는 절박한 생존 독서로 바뀌면서 서서히 끓어오르기 시작했다.

2007년 건물을 짓고 생긴 빚으로 인해서 나는 날마다 힘겨운 날들을 보내고 있었다. 수억의 빚과 매월 내야 하는 수백만 원의 이자는 내게 너무 힘겨운 일이었다. 그래서 밤마다 잠을 쉽게 이룰 수 없었다. 자려고 누우면 가위눌려서 숨이 가빠오곤 하여 공원에 가서 산책했다. 그렇게 마음을 다스린 후에야 잠을 잘 수 있었다. 이자 연체로 고통을 받을 때는 너무 힘들어서 세미나에 갔다가 쓰러진 적도 있었다.

그러던 중 내가 살고 있는 인천공항 신도시에 영종도서관이 새롭게 개관하였다. 나는 딱히 갈 곳도 없었고 빚 문제를 해결할 방법도 없었기에 막막하고 절박한 마음으로 도서관에서 책을 펴놓고 앉아 있었다. 처음에는 빚 문제로 책 내용이 머릿속에 잘 들어오지 않았다. 그러나 책을 읽으면서 복잡하고 고통스러웠던 마음이 점점 가라앉기 시작했다. 그리고 책 내용 한 문장씩 눈에 들어오기 시작하였다. 그 문장들을 대학 노트에 적기 시작하면서 마음의 평안함이 찾아오기 시작하였다.

그렇게 17년간 대학 노트에 한 문장씩 필사한 것이 대학 노트 30여 권이 되었다. 다산 정약용의 초서 독서법처럼 나도 따라 적으면서 독서를 할 때는 내 마음이 변화되는 것을 체험하였다. 하루에 20권, 30권씩 책을 읽으면서 중요한 부분들을 메모한 날도 많았다. 도서관 2층과 3층에 있는 읽을 만한 단행본은 거의 다 읽었고, 내 서재에 있는 3,000여 권의 책은 거의 외울 정도로 보고 또 보았다. 그렇게 고통의 세월 17년 동안 읽은 책들이 나를 완전히 업그레이드시켜 다른 사람으로 만들어 놓았다.

2009년까지만 해도 빚으로 인해 너무 힘들어 아침에 쉽게 일어나지 못했다. 하지만 책 속의 문장들이 내 마음에 차곡차곡 쌓이자 마음 근육이 튼실해지면서 나는 숙면과 쾌적한 기상이 가능해졌다. 고통의 세월을 독서를 하면서 견디어냈다. 이런 독서 활동을 통해서 깨달은 점은 환경이 문제가 아니라는 것이다. 인생 문제는 마음의 변화가 이루어지면 무엇이든 해낼 수 있다는 것이었다. 물론 그 변화의 근거는 독서의 힘이었다.

독서를 통해서 얻어지는 유익은 실로 막대하였다. 빚으로 절망하여 날마다 죽을 것만 같이 힘들던 나를 일으킨 것은 독서였다. 그리고 독서가 폭발의 힘을 발휘하려면 집중 독서를 해야 한다는 것을 체험했다. 절박한 순간에 집중하여 생존 독서를 계속하던 나는 결국 100℃가 되면 물이 끓듯이 뇌의 폭발을 경험하게 되었다. 그렇게 집중 독서를 통해서 뇌의 변화를 경험한 나는 책을 쓰게 되었고 강의도 했으며 방송하고 책쓰기 코칭까지 하게 되었다. 책의 힘은 정말 위대하다. 만일 내가 힘들다고 하여 술이나 마셨다면 알콜 중독자가 되었을 것이 분명하다. 책이 아니었다면 나는 폐인이 되었을지도 모를 일이다.

새벽에 글을 쓰면서 감사하게 된다. 그리고 17년의 모진 세월을 살면서 책으로 인해 인생이 이렇게 아름답게 변화되고 도약할 수 있음에 감사한다. 사람은 잘 변하지 않는다. 그러나 인생의 절박한 시점에 집중해서 독서를 한다면 누구나 변신할 수 있다. 내가 40년간 독서를 해왔던 것보다 집중해서 17년간 독서한 것이 날 진정한 변화로 이끌었다.

결론은 이것이다. 누구나 인생을 살아가면서 위기와 역경을 만나게 된다. 그때 책이 피난처가 되어 줄 수 있다. 한 문장부터 시작해서 책 한 권씩 차근차근 독서를 해나간다면 누구나 인생의 변화와 도약을 경험할 수 있다. 인생에서 고통의 때이든지 평안의 때이든지 책 속에는 마음 근육을 튼실하게 해주는 행복 비타민들이 가득 차 있다.

지난 2009년부터 17년간의 책 읽기를 통해서 깨달은 중요한 사실은 다음 세 가지이다.

첫째, 책 읽기는 모든 사람에게 희망과 용기를 주는 행복 비타민이다.

둘째, 책 읽기는 꾸준히 집중적으로 해야 한다. 물이 100℃에 끓듯이 독서도 꾸준히 집중적으로 해야 뇌의 변화를 가져오는 창의력으로까지 연결된다.

셋째, 책을 읽는 동안 책을 쓸 수 있도록 메모하면서 읽으면 그것을 아이디어로 책을 쓸 수 있다.

이상의 내용을 종합해 볼 때 책 읽기는 누구나 변화로 이끌어 좋은 인생을 만드는 최고의 투자이다.

마음 근육을 살찌게 하는
밑줄의 흔적

흙 가꾸기는 성공하는 농업의 기초다. 흙의 비옥도(肥沃度)를 전문용어로 휴머스 지수(Humus 指數)라고 한다. 휴머스 지수가 높으면 적은 면적에서도 큰 수확을 얻을 수 있고, 휴머스 지수가 낮으면 넓은 땅에서도 별로 수확하지 못한다.

우리나라의 토양은 오랫동안 휴머스 지수가 점차 낮아져 불과 3% 정도에 머문다. 미국이 8%이고 일본이 5%이다. 중국이 2% 안팎이고 북한은 1%에도 미치지 못한다. 이런 지수가 농산물의 수확에 얼마나 큰 영향을 미치는지를 살펴보자. 3.3 제곱미터, 곧 1평(一坪)의 밭에 딸기를 심었을 경우, 휴머스 지수가 8%인 미국에서는 30kg을 수확하고 휴머스 지수가 5%대인 일본에서는 18kg을 수확한다. 그러나 휴머스 지수 3%인 한국의 밭에서는 불과 10kg 밖에 수확하지 못한다. 이를 보면 땅의 비옥도가 얼마나 중요한지를 알 수 있다.

성공하는 농업, 곧 부농(富農)을 이루려면 먼저 흙 가꾸기에서부터 시작하여야 한다. 그리고 흙 가꾸기의 시작은 충분히 숙성된 퇴비를 확보하는 일에서부터 시작된다. 그래서 겨우내 퇴비 만들기에 정성을 쏟는다. 봄이 되면 밭마다 퇴비를 듬뿍 넣어 휴머스 지수를 높이고 밭을 일구기 시작한다. 가을의 풍성한 결실을 위해서는 휴머스 지수가 높아야 하는 것처럼 우리 인생의 풍성한 결실을 위해서는 마음의 멘탈 지수가 풍성해야 한다.

일반적으로 '멘탈 지수'란 '마음과 정신의 건강 정도'를 말한다. 그 '멘탈 지수'가 풍성해지려면 독서로 내공을 쌓아서 언제나 흔들리지 않고 인생 항해를 할 수 있도록 해야 한다. 사람은 외부의 환경에 의해서 쓰러지기보다는 내면의 멘탈이 약할 때 쓰러진다. 반면 내면이 독서의 힘으로 무장되면 쉽게 쓰러지지 않는다. 글을 쓸 때도 독서로 마음 창고가 가득 차 있으면 숙성된 퇴비에서 곡식이 잘 자라듯이 양질의 글이 나오게 된다. 그러므로 좋은 글을 쓰고 좋은 인생의 풍요로운 결실을 위해서 해야 할 일은 '독서로 마음의 멘탈 가꾸기'이다.

고난의 세월 17년 동안 독서를 하면서 내 생각과 같아 공감이 가는 여러 명의 작가를 만났다. 그중에 한 사람이 사이토 다카시다. 그는 현재 일본 메이지대 문학부 교수이다. 문학, 역사, 철학부터 비즈니스 스킬과 글쓰기까지 지식과 실용을 결합한 새로운 스타일의 글을 쓰는 작가 겸 교육 전문가로 왕성하게 활동하고 있다. 또한, NHK와 TV도쿄에서 정기적으로 강연하며 끊임없이 대중과 소통하고 CEO들의 멘토로 활동하고 있다. 사이토 다카시는 『한 줄 내공』에서 그의 인생을 완벽하게 바꾼 '한 문장의 힘'에 대해 말한다. 바쁜 중에도 엄청난 양의 책을 읽는 것으로 알려진 그는 "책 속 수천 개의 문장 가운데 나를 성장 시키는 한 줄만 찾으면 성공한 독서"라고 힘주어 말한다. 한 줄의 문장이 단단한 내공이 되고, 어떤 위기가 와도 흔들리지 않도록 나를 붙잡아 주기 때문이다.

'인간은 설령 절망의 밑바닥에 떨어져도 반드시 올라갈 수 있는 존재다. 누구나 그런 힘을 지니고 있다. 단단한 정신이 있는 한 분명 희망을 발견할 수 있다'라고 한 이 한 문장은 좌절과 고난, 끝없는 외로움과 지독한 가난에 빠져 허우적대던 사이토 다카시를 메이지 대학교수로 만들어준 다짐의 문장이었다고 한다.

2008년부터 2013년 겨울까지의 몇 년 동안은 내 인생 가운데 가장 힘든 시기였다. 빚을 진 상태에서 난방도 안 되는 건물에서 지내고 있었다. 다행히 책 읽기를 좋아하던 나는 그러한 절망적인 상황에서도 이불을 뒤집어쓰고 책을 읽고 있었다. 2010년 겨울에 칼럼니스트 정진홍이 쓴 『완벽에의 충동』을 읽다가 깜짝 놀랄만한 문장을 발견했다. 그 문장은 몽골제국을 하나로 통일한 칭기즈칸의 인생 고백의 내용이었다.

가난하다고 탓하지 마라. 나는 들쥐를 잡아먹으며 연명했다. 작은 나라에서 태어났다고 말하지 마라. 나의 병사들은 적들의 백 분의 일, 이백 분의 일에 불과했지만, 세계를 정복했다. 배운 게 없다고 탓하지 마라. 나는 내 이름도 제대로 쓸 줄 몰랐지만 남의 말에 귀 기울이며 현명해지는 법을 배웠고 또 지혜를 구했다. 너무 막막해 포기해야겠다고 말하지 마라. 나는 목에 칼을 쓰고도 탈출했고 뺨에 화살을 맞고도 살아났다.

이 구절을 누워서 읽다가 나는 벌떡 일어나 앉았다. 그리고 내 삶의 처지를 깊이 생각해 보았다. 지금 힘들기는 하지만 칭기즈칸은 나보다 더 힘든 상황에서 일어나지 않았는가? 나는 그 당시 극심한 재정적 어려움과 마음이 힘들어서 아침에는 잘 일어나지를 못했다. 먹는 것도 겨우 아침 겸 점심으로 빵 한 조각으로 버텼다. 그런데 칭기즈칸은 더 극심한 고난에서도 딛고 일어났다.

칭기즈칸의 인생 고백 중에서 나를 정신 차리게 하고 일어나게 한 부분은 '나는 들쥐를 잡아먹으며 연명했다'라는 구절과 '너무 막막해 포기해야겠다고 말하지 마라. 나는 목에 칼을 쓰고도 탈출했고, 뺨에 화살을 맞고도 살아났다'라고 하는 구절이었다. 나는 칭기즈칸의 인생 고백을 읽은 후부터 정신을 차리고 다시 일어났다. 지금 아무리 어렵고 힘들더라도 반드시 다시 일어나 재기하리라 굳게 다짐하였다. 그 힘든 시기에 나를 벌떡 일어나게 한 칭기즈칸의 인생 고백의 한 문장이 내 인생을 다시 일어나게 하였다.

산꼭대기를 향해, 해돋이를 향해, 희망을 향해 내디딘 한 걸음이 가장 맹렬한 폭풍보다 훨씬 더 강하단다.
폭풍이 부는 것은 너를 쓰러뜨리기 위해서가 아니라 사실은 네가 좀 더 강인해지도록 도와주기 위해서란다.
희망을 품어야 할 시간이란 절망이 우리 목구멍을 움켜쥐고 있을 때란다. 강하다는 것은 네가 아무리 지쳐 있더라도 한 걸음 더 내딛는 것을 의미한다.

이 문장들은 조셉 M. 마셜의 『그래도 가라』에 나오는 문장이다. 내가 이 문장을 만났을 때는 너무 힘들어서 앞을 향해서 한 걸음도 나아갈 수 없었던 절망의 때였다. 수억의 빚을 지고, 주변의 사람들은 다 떠나고 홀로 버려져 앞을 향해서 나아갈 희망이라고는 0.1%도 없던 절망의 때였다. 그러나 나는 조셉 M. 마셜의 『그래도 가라』를 읽으면서 만난 한 문장을 붙잡고 칠흑같이 어두운 인생의 밤에도 앞을 향해서 한 걸음 더 내딛기로 다짐했다. 그리고 날마다 최선을 다하여 앞을 향하여 발걸음을 내디뎌 온 결과 이렇게 일어날 수 있었다. 이 문장을 페이스북에 올렸던 것을 『한 걸음 더』(박사무엘외 13인, 2011, 북셀프)로 출간하면서 나는 작가로서의 첫 출발을 하였고, 지금은 이렇게 20번째 책에 도전하고 있다.

리사 니콜슨은 『마음 근육』(중앙books)에서 인생 마라톤을 완주하는 힘으로 '마음 근육'을 말하고 있다. 시련 속에서 행복을 발견하는 힘으로 '이해의 근육'을 말한다. 아프고 힘든 상황도 돌아보면 축복일 수 있다. 자신을 사랑하는 힘으로 '자신감의 근육'을 말한다. 자신을 채찍질하기보다는 사랑해야 한다. 미래를 선택하는 힘으로 '실천의 근육'을 말한다. 장애물을 넘어야 앞으로 나아갈 수 있다. 자신을 믿는 힘으로 '직감의 근육'을 말한다. 불안의 문을 닫아 주는 것은 믿음이다. 현실을 인정하고 개선하는 힘으로 '정직의 근육'을 말한다. 정직은 세상 앞에 자신을 당당히 드러내는 일이다. 작은 것에도 감사하는 힘으로 '긍정의 근육'을 말한다. 긍정의 삶은 꿈을 그리고, 소명에 귀 기울이는 삶이다. 여행을 끝까지 완주하는 힘으로 '결의의 근육'을 말한다. 정상에 오르기 위해서는 버려야 할 것들이 있다. 다시 사랑하는 힘으로 '용서의 근육'을 말한다. 진정한 용서는 자신을 이해하는 일이다. 올바른 선택으로 이끄는 힘으로 '더 높은 선택의 근육'을 말한다. 더 높은 선택의 근육 훈련법은 자기변명에 붙잡혀 있지 말고, 자신의 참모습을 파악하는 데 집중해야 한다. 그리고, 부정적인 습관을 제거하고, 자신의 욕구를 건강하게 해결할 방법을 찾는다면 더 높은 목표를 향해 나아 갈 수 있다고 말한다.

힘들 때 읽은 밑줄 그은 문장들이 마음 근육을 튼실하게 한다. 나는 힘들 때 도서관과 골방에서 수많은 책을 읽으면서 만난 명언의 문장들을 대학 노트에 메모하였다. 그렇게 책 속의 보석 같은 문장들을 필사하면서 내 마음의 근육은 튼실해졌다. 그래서 어떠한 어려움도 든든히 딛고 일어설 수 있도록 내공을 갖게 되었다. 당신의 인생이 절망적인가? 마음이 힘든가? 당신이 읽으면서 메모하며 남긴 책 속의 한 줄 문장들이 당신을 다시 일으켜 세워줄 것이다.

독서로 쌓는
탄탄한 인생 콘텐츠

튼실한 콘텐츠로 성공적인 인생을 사는 사람들을 보면 대부분 독서에 몰입하는 사람들이다. 내가 40년을 단골로 다닌 서울 광화문 교보문구에는 창업자 신용호 회장이 말한 다음의 문구가 새겨져 있다.

"사람은 책을 만들고 책이 사람을 만든다."

책으로부터 얻는 간접 경험은 우리의 삶을 풍요롭게 한다. 책을 통해서 만나는 무한한 세계는 창의력과 영감의 원천이 된다. 책은 상위 1% 최고의 인물로 키워준다. 서양 격언에 '성공한 사람들은 모두 독서가들(All Leaders are Readers)이다'라는 말이 있다. 내 지금까지의 삶도 책이 만들어온 삶이었다.

삼성 그룹의 이건희 회장은 매월 평균 20권의 책을 읽었다고 한다. 몇 해 전 방영됐던 〈성공시대〉란 프로그램을 시청한 적이 있는데, 그때 출연했던 주인공들 스토리의 공통점은 모두 책을 즐겨 읽는다는 것으로, 독서하는 사람들이라는 사실이었다. 미국의 대통령을 지낸 벤저민 프랭클린은 종교학자 커튼 메더의 자전적 저서인『선을 담은 수상집』을 읽고 남에게 도움을 주는 인생을 살고자 결심했고, 마틴 루터는『얀 후스의 저작』이라는 책을 통해 종교개혁이라는 엄청난 일에 일생을 바칠 수 있었다. 그리고, 현대 선교의 아버지로 불리는 윌리엄 케리는『쿠크 선장의 항해』에 관한 책을 읽고, 숭고한 선교적 인생에 뜻을 세웠다고 한다.

안중근 의사는 "하루라도 책을 읽지 않으면 입에 가시가 돋는다"는 말을 남겼고, 벤저민 프랭클린은 "독서는 정신적으로 충실한 사람을 만들고, 사색은 사려 깊은 사람을, 글쓰기는 확실한 사람을 만든다"고 했다. 또한, 영국의 계관시인 윌리엄 워즈워스는 "책은 한 권 한 권이 하나의 세계다"라고 했다. 시성 두보는 "사람은 모름지기 다섯 수레의 책을 읽어야 한다"고 했다.

유럽을 평정한 나폴레옹은 전쟁터의 말 위에서도 책을 읽은 독서광이었다. 그가 일평생 읽은 책은 8,000여 권이나 된다고 한다. 나폴레옹이 전쟁광이 아닌 영웅으로 남을 수 있었던 것은 빼어난 학식과 교양, 예술적 감각이 있었기 때문이었다. 어린 시절 학교생활에 적응하지 못했던 윈스턴 처칠 전 영국 총리는 "나의 가장 큰 즐거움은 책 읽기였다"고 술회하였다. 처칠은 철학, 경제, 정치학 등 고전 독서를 통해 훗날 격조 높은 문장과 연설문을 남겼고, 『세계의 위기』, 『제2차 대전 회고록』 등을 저술해 정치인으로는 극히 드물게 1953년 노벨 문학상을 받았다.

1997년 게이츠 도서관 재단을 설립한 빌 게이츠 마이크로소프트(MS)사 회장은 바쁜 일과 중에도 매일 밤 한 시간씩, 주말에는 두 시간씩 책을 읽으려고 노력하였고, 출장 때마다 책을 꼭 챙긴다고 한다. 빌 게이츠는 "나를 키운 것은 동네 도서관이었다"라고 했다. 빌 게이츠는 역사나 사상에 관한 폭넓은 책 읽기를 바탕으로 세상을 앞서갈 소프트웨어의 필요성과 구조를 고안해 냈다. 만약 그가 단순한 엔지니어였다면, 그는 실리콘밸리의 다른 사람들과 조금도 다를 바 없는 월급쟁이였을 것이다.

오프라 윈프리는 미국에 독서 열풍을 일으킨 주역이다. 흑인 빈민가 출신으로 14세에 임신을 했었고, 20대에 마약에 빠져 방황하면서 자칫 인생의 낙오자로 전락할 위기에 처했었지만, 고난을 극복한 흑인 여성의 삶을 다룬 소설을 읽으며 성공을 다짐했다. 지금은 미국 500대 기업을 이끄는 5명의 여성 CEO 중 한 사람으로, 아메리칸 드림을 이룬 성공한 여성 경영인의 대명사로 꼽힌다. 오프라 윈프리는 자신이 책 덕분에 인생을 개척할 수 있었던 만큼, 자신의 토크

쇼와 잡지 등을 통해 남다른 열정을 가지고 책 전도사로 나섰다.

우리 역사의 인물 중에도 독서의 중요성을 몸소 보여준 위인 세종대왕이 있다. 세종의 독서 방법은 인간의 한계를 초월한 치열함으로 요약된다. 그의 독서법은 백독백습이다. 즉 100번 읽고 100번 필사하는 것이었다. 실제로 그가 왕자 시절에 동양고전을 백독백습하다가 병에 걸리기까지 했다는 일화가 있을 정도다. 왕위에 오르고서도 그의 치열한 독서는 그칠 줄 몰랐다. 그는 왕이 신하들과 함께 인문고전을 읽고 토론하는 경연을 가장 많이 연 임금 중 한 명으로 기록되고 있다. 태조가 23회, 태종은 80회 열었던 경연을 1,898회나 열었다고 한다. 249권에 달하는 『자치통감』의 경우 경연에서 3년 동안 강독했을 정도였다고 한다.

조선 실학을 학문적으로 집대성한 대학자이자 520여 권의 저서를 남긴 다산 정약용도 독서의 중요성을 보여준다. 유배지에서의 18년 동안을 독서로 학문을 체계화하였고, 520여 권의 저서를 남겼다. 그는 독서에 관한 이런 내용을 남겼다.

"유배지에 도착해서 방에 들어가 창문을 닫고 밤낮으로 혼자 외롭게 살았다. 나에게 말을 걸어주는 사람 하나 없었기 때문이다. 그러나 나는 오히려 그런 상황이 고마웠다. 그래서 이제야 독서할 여유를 얻었구나!"

다산에게 독서는 유배의 위기에 처한 자신의 상황을 도리어 행운으로 여기게 할 정도로 소중한 것이었다. 그는 독서를 자기 자신보다 더 귀하게 여긴 사람이었다.

나도 매일 하는 독서가 인생의 콘텐츠를 높여주었다. 지난 몇 년 간 집 근처 도서관과 서재의 책들을 집중해서 읽고부터였다. 처음에는 이책 저책 마구 읽었지만, 어느 정도 시간이 지나면서부터는 노트에 중요한 부분을 옮겨 적으면서 체계적으로 독서를 하게 되었다. 그렇게 책을 읽으면서 메모한 노트가 대학 노트 분량으로 30권 정도가 되었다. 그리고 도서관을 내 집처럼 이용하면서 쓴 글을 책으로 출간하였다. 빌 게이츠, 에디슨 등을 키운 것이 동네 도서관이었듯이, 고난의 시간 동안 나를 키운 것은 집 근처의 도서관이었다. 위대한 인물들은 모두 다 책벌레들이었다.

당신이 선택한 분야에서 일주일에 한 권씩 책을 읽는다면 10년 후에 총 500권이 넘는 책을 읽는 셈이 된다. 그 독서량은 당신을 당신 분야에서 최상의 1%에 해당하는 인물로 만들 것이다.

- 짐론

천재의 뇌를 만드는
꾸준한 책 읽기

17년간 도서관과 서재의 많은 책을 집중해서 읽고 뇌가 변하는 체험을 하였다. 책을 보는 이해력이 높아졌고, 사람을 보는 통찰력이 생겼으며, 집중해서 책을 쓸 수 있는 능력이 생겼다. 그것은 17년간 집중해서 독서한 결과였다. 집중하여 독서를 하면서 뇌가 폭발하는 체험을 하게 된 것이다. 평범했던 사람이 창의적인 사람으로 변화된 것이다. 그 모든 것이 책을 집중해서 읽었기 때문이었다. 그래서 정말 책 읽기를 꾸준히 집중해서 하면 '뇌가 변하고 창의적인 사람이 되는가'를 더 자세히 알고 싶었다.

펜실베이니아 주립대학교 심리학자인 셔리 윌리스(Sherry Willis)와 그녀의 남편 워너 샤이(K.Warner Schaie)는 '시애틀 종단연구'라는 프로젝트를 진행해 왔다. 그들은 1956년에 시작해서 40년이 넘는 시간 동안, 6천 명가량의 사람들을 지속적으로 관찰했다. 시애

틀에 있는 건강관리 단체에서 무작위로 선택한 실험 대상자들은 모두 건강한 성인들로 20세에서 90세에 이르는 다양한 연령층과 직업군을 갖고 있었다. 연구팀은 이들을 7년마다 검사해서 그들의 지능이 어떻게 변하는지를 지속적으로 살펴봤다.

그 결과, 두뇌의 지능이 최고조에 달하는 시기는 20대가 아니라, 중년이라는 점을 밝혀냈다. 가장 복잡한 인지 기술을 측정하는 검사에서 40대에서 60대에 속하는 중년들이 받은 성적은 20대나 30대가 받은 성적보다 월등히 높았다. 검사에 사용한 범주들은 어휘력, 언어 기억, 공간 정황 테스트, 귀납적 추리 등이었다. 윌리스는 이를 토대로 쓴 『중간의 삶』이란 저서에서 '남녀 모두 수행력이 절정에 도달하는 시기는 중년'이라고 자신 있게 밝히고 있다. 나이가 들었다고 배움을 포기하거나, 새로운 것에 대한 호기심을 잃어버리지 않는다면, 우리의 두뇌는 죽을 때까지 배움을 멈추지 않을 것이다.

평생 공부가 장수의 비결이다. 평소에 늘 책을 읽고 지적인 생활을 오래 한 사람일수록 장수하는 경우가 많다. 평균수명이 40세 정도였던 16세기에 미켈란젤로가 90세까지 장수할 수 있었던 것이나, 80세까지 왕성한 지적 활동을 했던 괴테나 칸트도 이에 해당한다.

독서는 작은 서재나 벤치 위에 앉아서 세계를 여행할 수 있고,

수천 년의 세월을 거슬러 올라가는 시간 이동을 가능하게 한다. 수많은 사상가가 남겨놓은 문학 작품을 통해 우리의 지성과 감수성이 깨어나는 지각 활동이며 우리의 삶이 갈림길에 설 때, 올바른 길을 찾도록 인도할 수 있게 한다. 지성인과 예술가들의 열정적인 삶의 비결도 독서이다. 이렇게 책 읽기는 뇌를 변화시켜서 오래 살게 하고, 문제의 해결책을 제시하는 열쇠 역할을 한다.

또한, 독서는 뇌세포를 살린다고 한다. 『책 읽는 뇌』라는 책을 쓴 인지신경과학자 매리언 울프(Maryanne Wolf)는 독서와 뇌의 연관성을 오랫동안 연구해 왔다. 결론은 '독서란 뇌가 새로운 것을 배우고 스스로 재편성하는 과정에서 탄생한 인류의 지적인 발명'이라는 사실이다.

독서라는 행위는 곧 그 책을 쓴 작가의 의식과 세계 속으로 들어가는 것을 의미한다. 독서는 다른 사람의 생각, 다른 시대, 다른 문화의 영역을 통해 나를 풍부하게 만드는 인간만이 누릴 수 있는 아주 특별한 행위이다. 반복적인 책 읽기를 통해서 뇌에 인지적인 자극이 이뤄질 경우, 그것은 뇌세포에 활력을 주고, 심지어는 죽어가는 뇌세포를 살릴 수도 있는 놀라운 현상이 나타난다. 독서는 노인의 치매 발생률을 떨어뜨리고, 스트레스의 감소에도 효과가 있다. 독서는 자신을 돌아보는 거울이 되어, 자기 성찰의 기능도 있다. 또한, 삶과 죽음의 의미를 생각해 보게 하고 지금까지 살아온 인생을 차분하게 되돌아보게 하는 귀한 시간도 갖게 한다.

매리언 울프는 "책 읽기는 뇌를 변화시켜 창의적인 사람이 되게 하고, 나아가서 건강하게 오래 살게 하는 기능도 있다"라고 말했다. 그러한 의미에서 책은 5천 년 인류 문명사를 이끌어 온 가장 큰 힘이라고 할 수 있다. 인간은 책을 통해 자신이 살아가는 이유와 의미를 찾게 된다.

살아가는 이유를 깨닫는 순간 뇌는 더 강렬하게 활성화된다. 이러한 긍정적인 독서의 힘을 얻기 위해서는 독서를 삶의 습관처럼 받아들이는 것이 필요하다. 지적인 활동을 통해서 더욱 활성화된 뇌의 기능은 사람의 신체를 더욱 활기 있게 만든다. 위의 여러 가지 연구와 과학적인 사례를 통해서 명확해지는 것이 있다. 17여 년 동안 도서관과 서재에서 집중 독서를 한 것이 나를 창의적인 사람으로 만들었다. 이렇게 책을 늘 가까이하고, 몰입해서 읽는 사람은 천재로 다시 태어날 수 있다.

인생 최고의
투자는 책

버나드 쇼는 인생에 대해 다음과 같이 말했다.

사람들은 항상 그들의 현 위치가 그들의 환경 때문이라고 탓한다. 그러나 나는 환경을 믿지 않는다. 이 세상에서 출세한 사람들은 자리에서 일어나 그들이 원하는 환경을 찾는 사람들이다. 그리고 그들이 원하는 환경을 찾지 못하면 그들이 원하는 환경을 만든다.

버나드 쇼의 말처럼, 환경을 믿지 않는다. 분명 난 절망적인 환경이었지만, 책을 읽고 또 책을 쓰면서 내 인생을 아름답게 브랜딩해 왔다. 책이야말로 내 인생 최고의 투자였던 셈이다.

『이탈리아 통일 3걸전』은 나를 통일에 관심을 두도록 이끌어준 책이다. 초등학교 5학년 때 학교에서 가져다 읽은 책인데, 육영수

여사가 창간한 어깨동무사에서 부록으로 발간한 책이다. 그때는 몰랐지만, 민통선 마을에서 초등학교 5학년 때 읽은 그 책이 무의식 중에 큰 영향을 주었다. 당시 내가 다니던 금성초등학교는 경기도 김포의 애기봉 밑에 있는 최전방의 학교로, 늘 북한 방송이 들리고 삐라가 떨어지는 곳이었다. 5학년 담임이시던 한용 선생님은 교실에 이 책을 비치해 놓고 읽게 하였다. 평생 책 읽는 습관을 들일 수 있도록 이끌어 주신 담임 한용 선생님께 감사를 드린다.

극동방송에서 『통일을 앞당겨 주소서』 프로그램을 진행하면서 이 책을 다시 읽어보았다. 초등학교 5학년 때 그 책을 읽을 때는 미처 그 뜻을 다 알지 못했지만, 통일 관련 방송 프로그램을 진행하면서 이탈리아 통일이 준비된 정치지도자 카보우르, 군사지도자 가리발디, 정신지도자 마치니의 연합된 힘으로 이루어졌음을 알게 되었다. 이제 가까이 다가온 한반도의 통일도 정신지도자인 마치니, 군사 지도자인 가리발디, 정치지도자인 카보우르가 연합하여 이탈리아 통일을 이루어 냈듯이 우리가 힘을 합한다면 이루어지리라 생각한다.

특별히 나는 정신세계를 다루는 사람으로서 마치니처럼, 앞으로 대한민국의 통일을 이루어갈 수 있도록 사상적 기반을 다지는 데 역할을 해야겠다는 다짐을 하게 된다. 독일 국민이 어려울 때 '독일 국민에게 고함'이라는 연설을 외쳤던 피히테처럼, 나라의 지도자를 키우고 세워갔던 성경의 인물 사무엘처럼, 이 시대의 사상가가 되어, 대한민국이 통일 대한민국을 이루는 데 기여하고 싶다.

『케말파샤전』은 터키 건국의 아버지인 무스타파 케말 아타투르크의 일대기이다. 이 책 역시 초등학교 5학년 때 읽은 책이다. 아타투르크는 군인으로서 그리스와의 전투에서 승리하여 터키 영토를 지켜내고, 오늘날의 터키가 있게 한 일등공신이다. 어린 시절에 『케말파샤전』을 읽었을 때 터키에 한 번 가서 아타투르크의 삶의 흔적을 따라가 보고 싶었다. 그리고 그 어린 시절의 꿈이 이루어졌다. 2007년 터키를 방문하여 아타투르크 궁전을 보게 되었다. 그때 웅장하게 지어놓은 아타투르크 궁전을 보면서 큰 감동을 받았다. 특히 아타투르크 궁전 내부에 아타투르크가 소유했던 수많은 장서를 보면서, 그의 개혁과 사상이 책에서 나온 힘이었음을 확인하게 되었다.

아타투르크는 군인으로 출발해서 터키의 국가 지도자가 되었고 터키를 개혁하여 발전할 수 있는 기반을 마련한 인물이다. 그에 대한 평가는 독재자라는 평가와 국가를 발전시켰다는 두 가지 평가가 있다. 그러나, 터키 국민은 웅장한 규모의 아타투르크 궁전을 지어 그의 업적과 삶을 기리고 있다.

『뜻으로 본 한국역사』(함석헌)를 읽었다. 1978년 청계천 고서점에서 우연히 발견하여 읽게 된 책이다. 그 당시 나는 재수생 신분이었고 저자가 어떤 분인지도 전혀 몰랐다. 그냥 역사에 좀 관심이 있고, 헌책방이라 가격이 저렴해서 읽게 되었다. 아마도 단돈 천원인가에 그 책을 샀던 것 같다. 일본강점기인 1934년에 쓰기 시작하여 『성서 조선』에 연재한 책인데, 함석헌은 우리나라를 가리켜 '대륙을 부여잡고 사자가 포효하는 모습'이라고 하였다. 일제가 우리나라를 '토끼가 웅크리고 있는 모습'이라고 하여 움츠러들게 했던 것과 달리 우리나라의 기상을 느낄 수 있었다.

박홍규는 최근 발간한 책 『함석헌과 간디』에서, "『뜻으로 본 한국역사』는 20세기에 나온 한국 책 중에서 가장 위대한 책으로 꼽힌다. 그런 책을 쓴 것만으로도 그는 우리 역사에 가장 위대한 사람 축에 든다. 그는 현대사를 창조했다"라고 하였다. 나는 대학교 1학년 때 함석헌의 이야기를 직접 들은 기억이 있다. 흰 두루마기를 입은 모습으로 쩌렁쩌렁 외치던 그의 예언자적 모습이 떠오른다. 책의 마지막 장에서 그는 '우리 민족에게도 세계적인 사명이 있다'라고 했는데, 나는 그 부분을 읽으면서 큰 감명을 받았다. 이미 나라가 일제에 먹혀 식민지가 되었는데, 함석헌은 '우리 민족에게도 세계적 사명이 있다'라고 말하며 절망 속에서도 희망을 노래하였다. 나는 함석헌의 『뜻으로 본 한국역사』에 영감을 받아서 『한국이 온다』(가나북스, 2017)를 썼다.

나는 신약 성경 중에서 『사도 바울의 옥중서신』을 좋아한다. '에베소서'는 교회의 본질을 깨닫게 해주어서 좋고, '빌립보서'는 고난 가운데서도 기쁨을 가지고 주님을 섬길 수 있는 은혜의 내용이 좋다. '골로새서'는 예수 그리스도가 누구신지를 바울을 통해서 정확히 알 수 있어서 좋다. '빌레몬서'는 인간의 자유의 본질을 잘 이해하게 해줘서 좋다. 니체, 사르트르, 하이데거, 쇼펜하우어 등 철학자들의 사상에 빠져있던 내게 예수 그리스도가 누구인지를 정확히 알게 해준 책이 바로 『바울의 옥중서신』이다. 그러한 의미에서 『바울의 옥중서신』인 '에베소서', '빌립보서', '골로새서', '빌레몬서'는 나를 예수님께 인도해 준 인생 내비게이션인 셈이다.

『완벽에의 충동』은 칼럼니스트 정진홍의 책이다. 특히 제2장의 '고난은 신의 선물이다'라고 하는 부분은 내 인생이 힘들고 어려울 때 큰 용기를 주었다. '가혹한 시련이 나를 단련한다'라고 말하며 인생의 시련을 극복하고 일어난 칭기즈칸의 인생 고백이나, 오프라 윈프리, 에이브러햄 링컨, 리차드 닉슨 등의 역경을 딛고 일어난 이야기들이 내게 다시 일어설 수 있는 용기와 희망을 주었다.

『그래도 계속 가라』는 유대인 랍비가 쓴 책이다. "폭풍이 몰려오는 것은 너를 쓰러뜨리려고 하는 것이 아니라, 오히려 너를 강하게 하기 위함이다"라고 하는 구절이 특히 마음에 와 닿은 책이다. "앞을 향하여 내디딘 한 발이 어떤 폭풍우보다 강하다"라는 구절도 내가 힘들고 고통스러워 한 걸음도 내디딜 수 없을 때, 한 걸음 더 발걸음을 떼게 한 구절이다.

앞에 열거한 몇 권의 책들 외에 수많은 책이 내 인생의 여정을 이끌어 왔다. 그러한 의미에서 이디스 해밀턴(Edith Hamilton)의 "지독한 절망에 빠진 자에게 한 권의 책은 언제나 고통을 치유해 주는 신비한 능력이 있다. 인간은 누구나 삶의 전환점에서 한 권의 책을 손에 쥐고 있다"라는 말은 참 설득력이 있다.

케네디가 갑자기 암살로 죽고 나서 동생 로버트 케네디는 인생에서 큰 좌절과 절망을 겪었다고 한다. 그동안 믿고 의지하던 형이 갑자기 죽었기 때문이었다. 그때 형수인 재클린이 로버트 케네디에게 건네준 책이 『고대 그리스인의 생각의 힘』으로, 이 책 한 권이 로버트 케네디를 다시 일으켰다고 한다.

인생의 굽이굽이마다 만난 책들이 인생을 이끌어 준다. 당신이 지금 읽고 있는 이 책도 당신을 새롭게 일으키는 데 활용되는 도구가 되기를 바란다. 지난 50여 년에 걸친 나의 독서 여행을 생각해 볼 때, 책이야말로 그 무엇과도 비교할 수 없는 최고의 투자였다. 책은 힘이 있고 끝이 좋다. 내 인생의 방향을 찾고자 할 때, 굽이굽이마다 책이 있었다.

위대한 세종을 만든 독서

대한민국의 중심가인 서울 세종로에 세종대왕 동상이 있다. 대한민국 국민에게 설문조사를 해서, '제일 존경하는 인물이 누구인가?' 물으면 세종대왕과 이순신이 제일 많을 것이다. 유명하기에 누구나 세종대왕을 안다고 생각할 것이다. 그런데 세종의 진면목을 얼마나 알고 있을까? 내가 도서관에서 수많은 책을 읽으면서 세종에 관한 책도 여러 권을 보게 되었다. 이렇게 독서를 통해 알게 된 점은 세종의 창의력의 원동력이 책의 힘에서 나왔다는 사실이었다. 세종은 백독백습의 정신으로 독서 했다. 그리고 집현전에서 신하들과 함께 경연(經筵)하면서 창의력의 시대를 만들어냈다. 그 점이 세종대왕의 위대함이다.

> "한 시대가 부흥하는 것은 반드시 그 시대에 인물이 있기 때문이요, 한 시대가 쇠퇴하는 것은 반드시 세상을 구제할 만큼 유능한 보좌가 없기 때문이다."

세종은 이렇게 말하며, 국가의 인재가 모인 터전인 집현전에서 유능한 인재를 기르는 데 정성을 기울였다.

어느 추운 겨울밤이었다. 세종은 내관을 불러 말했다.
"집현전에 가서 누가 지금까지 책을 보고 있는지 살펴보고 오너라."
얼마 뒤, 내관이 돌아와 보고했다.
"신숙주가 아직도 책을 읽고 있사옵나이다."
이미 새벽에 이른 시간이었다. 세종은 내관과 함께 조용히 집현전으로 향했다. 그때 비로소 방의 불이 꺼지는 것이 보였다. 세종은 가만히 안으로 들어가서 잠든 신숙주에게 자신이 입고 있던 수달피 조끼를 벗어서 덮어 주었다. 아침이 되어 곤한 잠에서 깨어난 신숙주는 자신의 몸에 걸쳐져 있는 세종의 조끼를 보고 깜짝 놀랐다. '이것은 상감의 어의가 아닌가!' 그는 감격해서 눈물을 흘렸다. 그 뒤로 신숙주는 더욱 열심히 집현전 일에 열정을 쏟았다. 이 이야기가 퍼지자, 조정 신료들은 모두 대왕의 덕을 칭송했다.

세종은 재위 16년부터 집현전 학사들이 경전, 역사, 자서, 시부 가운데 강독한 분량을 기록하여 월말에 보고하게 했으며, 열흘에

한 차례 시험을 치르게 하였다. 그래서 실력이 없는 자들은 도태되었고, 뛰어난 자들만 살아남아 최고의 실력자로 거듭났다. 이들은 집현전을 떠나 외직으로 나아갈 때면 태산 같은 자부심과 과업을 이루었다는 자긍심이 대단했다고 한다.

세종은 집현전 학사들과 함께 공부하였고, 백성과 나라를 위하여 위대한 업적을 남겼다.

"우리 모두 목숨을 버릴 각오로 독서하고 공부하자. 조상을 위해, 부모를 위해, 후손을 위해 여기서 일하다가 같이 죽자."

세종은 무엇보다 나라를 이끌어가는 사람들이 최고가 되지 못하면, 백성들에게 최고의 정치를 베풀 수 없다는 사실을 잘 알았다. 그리고 누구보다 자신이 최고가 되지 못하면 신하들을 제대로 이끌 수 없다는 사실도 잘 알았다. 그래서 세종은 먼저 자신을, 다음으로 신하들을 그토록 뜨거운 독서광으로 이끌었다.

세종은 집현전 학사들 앞에서 했던 말을 실제 정치로 증명했다. 그는 오직 백성을 위하는 마음으로 유교에 찌든 사대부 지식인들의 격렬한 반대를 무릅쓰고, 세계에서 가장 위대한 문자인 '한글'을 창조했다. 어디 그뿐인가! 정치, 경제, 과학, 의학, 군사, 법률, 학문, 농업 등 백성들의 삶과 관련된 거의 모든 영역에서 백성을 위해 분

투했고, 인류 역사상 그 어떤 왕도 따라오지 못할 찬란한 결과물들을 만들어냈다.

심지어 여자 노비들을 위해 100일에 달하는 출산 휴가 제도를 만들었고, 같은 노비인 남편도 한 달 동안 아내를 돌볼 수 있도록 했다. 재위 기간 내내 고아, 노인, 병자, 죄수 같은 사회적 약자들의 기본권을 직접 챙겼음은 물론이다. 우리 역사에 세종대왕 같은 인물이 있었음이 자랑스럽다. 세종대왕은 나라의 기틀을 세운 겨레의 가장 큰 스승이다. 광화문 광장에 새로이 세워진 세종대왕상은 오늘을 살아가는 우리에게 그 교훈을 말하고 있다.

박현모는 『소통과 헌신의 리더십, 세종처럼』에서 우리가 다시 마음에 새겨야 할 세종대왕의 리더십으로 요약한 '세종 십계명'은 다음과 같다.

1계명 밥은 백성의 하늘이다.
2계명 왕을 추대한 백성들에게 헌신하라.
3계명 인재를 기르고 선발하고 맡겨라.
4계명 두뇌집단을 활용하고 회의를 잘하라.
5계명 억울한 재판이 없게 하라.
6계명 외교로 전쟁을 막고 문명국가를 건설하라.
7계명 영토는 한 치도 양보할 수 없다.

8계명 합리적으로 사고하고 온 힘을 기울여 실천하라.

9계명 자기 관리를 철저히 하라.

10계명 사회적 약자를 먼저 배려하라.

내가 세종을 통해서 새롭게 배운 점은, 지도자 스스로 솔선수범 하는 모습이야말로 진정한 인재를 키울 수 있다는 사실이다. 앞으로 우리가 가야 할 길은 세종처럼 책을 펴는 길이다. 왕이었던 세종이 스스로 책을 펴서 창조의 시대를 열었던 것처럼, 지도자부터 책을 읽어야 한다. 부모들도 말로만 하지 말고 먼저 책을 읽고 자녀들을 이끄는 사람이 되어야 한다. 자신부터 책을 통해 변화를 경험해야 한다. 나는 앞으로 다가오는 통일 한국의 미래는 책 읽는 대한민국이 될 때야말로 희망이 있다고 확신한다. 책의 힘이 조선의 시대를 황금기로 만들었듯이, 우리가 다시 책을 펴면 대한민국은 세계의 문화강국이 될 것이다.

모든 명작은 고난의
때에 탄생했다

『사기』를 기록한 사마천은 궁형이라는 치욕적인 형벌을 받고도 『사기』를 저술했다. 서백은 감옥에 갇혀 『주역』을 썼다. 공자는 진과 제나라 사이에서 곤경을 겪고 『춘추』를 펴냈다. 공자가 진나라와 제나라를 오가면서 고난을 겪은 것은 결국 『춘추』라는 작품으로 완성되었다. 손자는 두 다리가 잘리고 『손자병법』을 서술해냈고, 여불위는 유배되어 『여씨춘추』를 세상에 전했다.

모든 명작은 글을 쓴 사람들이 고통을 극복하면서 탄생했다. 베토벤은 청력을 잃은 이후부터 명작의 숲으로 걸어 들어가기 시작하였다. 밀턴은 시각 장애를 극복하고 대작 『실낙원』을 썼다. 스페인의 국민작가로 불리는 세르반테스는 53세에 곰팡내 나는 감옥에서 『돈키호테』를 썼다. 스티븐슨은 폐병을 앓으면서도 『보물섬』을 썼다. 헨델은 가난과 병고에 시달리면서 불멸의 명곡 〈메시아〉를 작곡하였다.

2014년 KBS에서 방영된 역사 드라마 〈정도전〉에서 가장 인상 깊게 본 장면이 떠오른다. 정도전이 구세력인 이인임 일파에게 밀려서 나주로 유배를 떠나는 장면이었다. 그때 친구인 정몽주는 "하늘이 장차 큰일을 맡기려는 사람에게는 먼저 고난을 통해서 그만한 사람을 만든다"라는 맹자의 말로 정도전을 위로했다.

그 말대로 정도전은 나주에 유배를 가서 9년간 말할 수 없는 고난을 겪는다. 사대부였던 그는 9년간 갖은 고난을 겪으면서 백성들의 삶을 이해하는 위민사상가로 거듭났다. 정도전을 일개 사대부에서 위민사상가로 거듭 태어나게 한 것은 9년간의 고난의 시간이었다.

나 역시 그랬다. 2007년 인천공항이 가까운 인천공항 신도시에 건물을 짓고 빨리 성공하여 이름 있는 사람이 되고 싶었다. 그런데 신은 내게 가혹하리만큼 비참한 추락을 경험하게 했다. 인천공항 근처에 살면서 쉽게 비행기를 타고 세계를 다니며 힘 있고 유명한 사람이 되고자 했던 나의 꿈은 산산이 부서졌다. 비행기가 뜨다가 순항을 하지 못하고 추락한 격이었다. 피투성이가 되어 홀로 남은 나는 빚과 싸우면서 17년이라는 세월을 몸부림치며 보냈다. 그리고 내 인생을 돌아보며, 책으로 다시 재기하게 되었다.

빨리 성공하려던 나는 추락하여, 깊이 자신을 돌아보게 되었다. 너무나 아프고 힘든 시간이었지만, 돌이켜보면 그 아픈 시간 만큼 나를 깊이 돌아보는 시간을 가졌다. 책을 볼 때도 건성건성 보지 않고 가슴으로 읽게 되었다. 그리고 고난을 겪고 일어났던 사람들의 이야기를 읽으면서 사람의 소중함, 존중과 배려를 새로이 배웠다. 내 야망을 내려놓고 하나님의 나라를 꿈꾸게 되었다. 내가 믿는 신앙의 대상인 하나님 아버지와 예수 그리스도에 대해서도 깊은 성찰을 하며 깊이 있는 만남의 시간을 갖게 되었다.

지난 17년, 고난의 시간 동안 대나무의 이야기에서 많은 위로를 받았다. 모죽이라 부르는 대나무는 중국, 한국, 일본에서 자생하는 종류로 제아무리 주변 환경이 좋아도 심은 지 5년이 지나도록 눈에 띄는 변화가 없다고 한다. 자라지 않는 것처럼 보이지만 5년이 지나고 난 뒤에는 갑자기 하루에 70㎝씩 쑥쑥 자라기 시작한다. 6주 동안 하루도 쉬지 않고 성장해서 나중에는 길이가 무려 30m에 이른다. 5년 동안 드러내지 않고 조용히, 크게 자라기 위한 준비를 하고 있었다는 말이다. 대나무는 5년 동안 땅속 깊은 곳에서 사방으로 뿌리를 뻗어 주변 십 리가 넘는 땅에 기초를 다진 것이다.

우리 인생도 마찬가지인 것을 지난 고난의 시간을 통해서 배웠다. 성공하려면 기초를 잘 다져야 한다. 나를 튼튼히 받쳐주고 확고한 성장의 밑거름이 되어줄 믿음과 경험이라는 뿌리를 깊고도 넓게 내려야 한다. 대나무가 자라기 위해서 뿌리 내리기에 5년이라는 긴 시간을 보내는 것처럼, 우리의 인생도 뿌리를 내리는 시간이 필요하다. 대나무처럼 먼저 뿌리를 튼튼히 내려야 튼실하게 성장할 수 있다.

깊이 있는 인생 명작은 고난의 때에 만들어진다. 내가 지난 몇 년간 책을 통해서 또한 만남을 통해서 알게 된 사람들 역시 그랬다. 인생의 고난의 때에 자신을 깊이 돌아보면서 깊이 있는 인생으로 새롭게 도약해 갔던 사람들이었다. 430만의 영혼들에게 감동을 준 『연탄길』의 저자 이철환 작가 역시 7년 동안 주변 이야기를 듣고 모아 펴낸 『연탄길』을 출간하기까지 출판사에서 5번의 거절을 경험했다고 한다. 430만 독자의 사랑을 받은 이철환 작가의 『연탄길』은 작가가 직접 삽화를 그리고 다섯 번의 출판사 거절을 겪으면서 펴낸 가슴 따뜻한 이웃들의 이야기이다. 작가는 5년간의 긴 우울증의 터널을 통과하면서, 우울증을 겪는 사람들에게 위로를 주는 명작 『연탄길』을 쓸 수 있었다고 한다.

내가 도서관에서 책을 보면서 제일 큰 감동을 받고 위로를 받는 정약용의 삶 역시 그렇다. 우리가 아는 다산 정약용이 만들어진 시기는 강진에 유배 간 18년간의 고난의 때였다. 깊이 있는 인생은 고난의 때에 만들어진다. 빨리 가는 것이 성공이 아니다. 지금 내 삶에 고난이 있다면 오히려 깊이 나를 돌아보는 시간으로 삼자. 깊이 있는 인생은 고난의 때에 만들어진다.

존 번연은 12년간 베드포드 감옥에 있으면서 『천로역정』을 썼다. 『천로역정』에는 유혹과 고난에 대한 심오한 통찰이 담겨 있다. 감옥 생활의 경험이 인간의 죄성에 대한 깊이를 인식하고, 하나님의 경이로운 구원 계획을 묘사하는 데 도움이 되었다. 이렇게 쓰인 『천로역정』이 우리의 심금을 울리는 불후의 명작이 되었다.

도스토옙스키가 자신의 인생 철학을 다듬고 여러 이야기와 소설의 줄거리를 구상한 것도 4년간 시베리아 수용소에 있을 때였다. 감옥 생활을 겪었든 그렇지 않든 도스토옙스키는 작가였을 것이다. 그러나 수용소에서의 경험이 없었다면 그는 깊은 통찰력으로 글을 쓰지는 못했을 것이다. 어떻게 보면 감옥이라고 하는 역경의 때는 힘든 시간이기는 하지만 인간의 영혼을 깨우는 믿음의 작가로 거듭 태어나는 시간이었을 것이다.

미국의 닉슨 대통령 때 워터게이트에 연루되어 감옥에 갔던 찰스 콜슨은, 감옥에서 예수 그리스도를 영접하고 『거듭남』이라는 유명한 책을 썼다. 찰스 콜슨의 『거듭남』은 인간이 살다가 만나는 궁극적 위기의 순간에 예수 그리스도를 만나야 궁극적 해답을 얻을 수 있다는 진리를 가르쳐 준다.

미국의 사무엘 브랭글은 어느 날, 술 취한 불량배가 던진 돌아 맞아 병원에 입원하였고, 병원에서 퇴원한 후 고통의 18개월 동안 글을 쓰게 되었다고 한다. 그때 쓴 『거룩함에 이르도록 도우신다』는 많은 사람을 위로하는 책이 되었다. 삶의 고통을 겪었지만, 그것이 오히려 명작이 탄생하는 계기가 되었다. 신약 성경의 13권을 기록한 『사도 바울의 옥중서신』을 기록한 곳도 로마의 감옥이었다. 모든 인생 명작은 역경의 때에 쓰인다.

『맹자』에 보면 "하늘이 사람을 쓰기 전에 먼저 혹독하게 훈련한다"는 말이 있다. 맞는 말이다. 하늘은 귀중하게 쓸 사람들을 그만큼 훈련을 시켜서 쓰신다. 사명이 큰 사람은 그만큼 큰 훈련과 준비를 시킨다는 말이다.

네비케이토를 창시한 도슨 트로트멘이 말하기를 "하나님은 준비되지 않은 사람을 쓰신 일이 없고, 준비된 사람을 쓰시지 않은 일도 없다"라고 했다. 또 사무엘 브랭글이 말하기를 "귀중한 사람들은 승진에 의해서가 아니라, 광야 훈련을 통해서 세워진다"라는 말이다. 역사의 인물들과 성경의 인물들을 보면 한 사람도 예외가 없이 귀중하게 쓰임 받기 위해서는 '인생이 깊어지는 특별한 시간'을 가졌다.

처절한 9년의 유배 기간 추사 김정희는 절박한 심정으로 독서하고 자신만의 글씨체인 추사체를 완성했다. 바울은 아라비아에서 3년간 깊은 묵상의 시간을 보냈다.

O.M.F(중국내지선교회)의 설립자로 수많은 중국 영혼들에게 복음을 전한 허드슨 테일러도 5년간 병상에서 깊은 묵상과 준비의 시간을 보낸 후에 큰 역사를 감당할 수 있었다. 소프트뱅크 창업자 손정의는 젊은 시절 회사를 창업해 놓고, 시한부 판정을 받아 병원에 입원해 있었다. 그때 병상에서 4,000여 권의 책을 읽고 준비한 것이 오늘날 일본 제일의 부자 손정의를 만들었다. 스티븐 킹은 15여 년의 무명작가 생활을 거친 후에야 『쇼생크 탈출』 등의 대작을 쓰게 되었다. 일터 사역을 시작한 오스 힐먼도 7년의 고난을 겪은 후에 전 세계 15개국 이상을 여행하면서 일하는 일터 사역자가 되었다.

덴마크를 폐허에서 구원한 그룬트비는 7년간의 섬에서의 준비 시간을 거친 후에 '삼애주의' 운동으로 덴마크를 구원할 수 있었다. 루터는 종교개혁을 완수하기 전에 발트부르크 성에 숨어서 성서를 독일어로 번역하면서 종교개혁을 준비하였다. 애플을 설립한 스티브 잡스가 애플에서 쫓겨난 후, 10여 년간의 철저한 준비 후에 복귀하여 아이폰을 개발해 진정한 IT 혁명의 기수가 되었다. 만델라는 27년 6개월의 로벤섬에서의 광야수업을 통해서 준비된 다음, 남아공 통일의 큰 그릇으로 쓰임을 받았다.

역사와 성경의 인물들은 한 사람도 예외가 없이 '인생이 깊어지는 특별한 시간'을 보냈다. 그들은 자신 앞에 닥친 인생의 위기를 도약의 기회로 삼아 더 높이 도약하였다. 그들은 모두 자신의 인생 앞에 닥친 위기의 때에 독서로 자기 생각을 깊게 하였고, 글을 쓰면서 미래의 희망을 써나갔다.

지금 당신 앞에 인생의 고난이 있는가? 그 시간은 분명히 하나님이 당신의 인생을 더 귀하게 다듬고 준비하여, 쓰시고자 하는 특별한 시간일 것이다. 나는 지난 17년간 고난의 시간을 겪으면서 만여권의 책을 읽고, 20권의 책을 쓰면서 내게 찾아온 고난을 오히려 특별히 도약할 수 있는 전화위복의 시간으로 만들었다. 모든 귀중한 사람들은 모두 고난이라고 하는 시간을 '인생이 깊어지는 특별한 시간'으로 승화시켰던 사람들이다.

삶의 절망이 희망으로
바뀌는 책의 힘

영국 출신의 세계적인 심리학자이며, 자연 건강요법 치료사인 애덤 잭슨(ADAM JACKSON)은 『책의 힘(The Power of Book)』에서 책은 '풍요로운 인생을 살게 하는 마지막 1%의 힘'이라고 했다. 맞는 말이다. 책을 통해서 얻은 풍부한 지식과 지혜가 우리 인생에 꼭 필요한 돈과 건강 그리고 사랑과 행복을 가져다준다.

나는 책의 힘으로 일어섰다. 그래서 책의 힘을 믿는다. 책에는 힘이 있다. 책에는 창조의 힘이 있다. 책에는 마음의 근육을 강화시켜 힘차게 앞을 향하여 나아가게 하는 동력이 있다. 지난 17년간 1만 시간을 넘게 집중 독서를 하며 책에 힘이 있음을 확실히 체험했다. 책의 힘으로 내 마음의 근육을 단련하면서 나는 다시 일어나게 되었다. 앞으로도 계속하여 책의 힘을 믿고 앞을 향하여 나아갈 것이다. 책을 계속 쓰면서 책쓰기 코칭으로 미래의 지도자들을 키워나갈 것이다. 내가 책으로 일어났듯이 내 주변의 사람들을 책으로 일으켜 세울 것이다.

해가 지지 않는 강대한 나라, 대영제국의 시작은 빅토리아 여왕이 인류 최고의 책인 성경을 공부하고 실천하는 데에서부터 비롯되었다. 빅토리아 여왕의 성경연구에서 시작된 개혁은 성경에 기초한 튼튼한 나라를 만들게 하였고, 그 후 영국은 300년 이상 해가 지지 않는 강대한 나라가 되었다.

영국뿐만 아니라 미국도 영국에서 건너간 퓨리턴들에 의해서 성경에 기초한 나라로 출발하였다. 오늘날 미국이 세계를 이끌어가는 지도적인 국가로 역할을 하는 데는 그 기반에 책 중의 책인 성경의 힘이 있음을 부인할 수 없을 것이다. 책 중의 책인 성경뿐만 아니라 모든 책에는 힘이 있다. 조선 시대의 선비들은 책을 목숨보다 소중히 여기며 책을 보고 책을 남겼다. 책에는 힘이 있다. 책은 나를 세우고, 사상을 정립했으며, 나라를 다시 세우는 힘을 지니고 있다.

우리와 가까운 이웃인 일본이 2차 대전의 패망을 딛고 다시 일어나 경제 대국을 만들 수 있었던 원천도 책의 힘이라고 할 수 있다. 물론 여러 가지 요인이 있었겠지만, 일본을 구석구석 여행해 보면 쉽게 눈에 띄는 게 서점들이다. 상가의 중심, 도시의 중심, 교통의 중심 지역에는 반드시 서점이 자리하고 있었다. 이는 일본인들이 책을 얼마나 중요시하는가를 알 수 있는 대목이다. 열차, 버스, 비행기뿐만 아니라 한적한 공원 벤치에서도 책 읽는 일본인의 모습을 자주 볼 수 있다. 그래서 그들은 22명이나 되는 노벨상 수상자를 배출하고, 경제 대국이란 이름을 얻지 않았을까? 이제 우리 한국인들도 다시 책 읽는 민족이 되어야 한다. 책에는 힘이 있다. 내가 다시 살고, 우리 대한민국이 다시 사는 길이 책 속에 있다.

이 책을 쓰면서 다시 다짐한다. 책의 힘으로 내가 다시 일어났으니, 책의 힘으로 내 주변 사람들이 일어나도록 돕는 일을 구체적으로 하자는 다짐이다. 나는 요즘도 매일 자기 전에 책을 읽는다. 자기계발 분야의 책도 읽고, 철학 서적, 역사서, 성경 등 다양하게 읽는다. 그런데 책을 읽으면서 점점 더 깨닫는 진리는 책은 힘이 있다는 사실이다.

책에는 변화의 힘이 있다. 자신감을 준다. 만족감을 준다. 배고플 때 음식을 먹으면 배가 부르듯이 책은 우리 마음에 배부름을 준다. 마음의 양식이라고 하지 않는가. 이 책을 읽는 독자 여러분도 실천해 보기 바란다. 하루 몇 분씩이라도 꾸준히 독서를 해보기를 바란다. 습관의 힘은 무섭다. 하루하루의 독서가 쌓여서 분명히 자신의 삶이 달라질 것이다. 내가 책의 힘으로 일어났듯이, 책은 반드시 당신의 삶을 일으켜 줄 것을 확신한다.

내가 늘 책을 보는 영종도서관 문 앞에는 책의 즐거움을 언급한 미국의 작가 캐슬린 노리스의 말이 이렇게 쓰여 있다.

"긴 하루 끝에 좋은 책이 기다리고 있다는 생각만으로 그 날은 더 행복해진다."

> 책읽기 팁

돈 들이지 않고 보물을 건지는 도서관

>공공 도서관을 뒤져보면
>그곳이 온통 파묻어 놓은 보물로 가득 차 있음을 알게 된다.
>- 버지니아 울프

나는 2009년 3월부터 17년 동안 내가 살고 있는 인천공항 신도시 영종도서관에서 꾸준히 책을 보았다. 개인적으로 힘든 일을 경험하면서, 도서관에서 책을 보는 것밖에 할 수 있는 것이 아무것도 없었다. 아침에 도서관에 가서 저녁때까지 종일 책을 보았다. 처음부터 체계적으로 계획을 세워 책을 읽은 것은 아니었다. 그냥 영종도서관 2층과 3층의 서가에서 마음에 와 닿는 책들을 계속 읽었다. 영종도서관에 비치된 11만여 권의 장서 중에 만여 권 정도는 본 것 같다.

책을 보면서 내 의식이 변화되기 시작하였고, 자신감이 생기면서 내 마음의 근육도 튼튼해지기 시작하였다. 책을 읽으면서 내 마음의 근육이 절망에서 희망으로 변화되기 시작하였다. 나도 모르는 사이에 내 마음의 저장 탱크에 차곡차곡 희망의 나이테가 쌓여가고 있었다. 그래서 절망과 불안은 희망으로 바뀌기 시작하였고, 나는 차츰 자신감을 되찾기 시작하였다. 당시에 나는 빚을 진 상태에서 매월 많은 이자를 감당해야 하는 힘든 상황에 있었다. 내가 처한 환경은 절망 그 자체였다. 그래서 도피하여 도서관에 책을 보게 된 것이었다.

그렇게 힘든 마음이 도서관에서 책을 보는 동안은 편안했다. 아니 책을 읽어가면서 조금씩 조금씩 자신감이 생기면서 삶의 희망도 다시 살아나기 시작하였다. 역시 책은 힘이 있다. 어느 정도 책을 집중해서 보기 시작하니까 나도 모르게 책이 쓰고 싶어졌다. 그래서 2010년부터는 도서관 1층 인터넷실에서 하루에 4시간 이상씩 책을 쓰기 시작하였다.

우리가 잘 아는 마이크로소프트사의 창업자 빌 게이츠는 "나를 키운 것은 동네 도서관이었다"라고 하였다. 하버드대학의 졸업장보다 동네 도서관에서 키운 독서의 힘이 자신의 실질적인 힘이라고 한 것이다. 빌 게이츠가 마이크로소프트사를 창업하고 성장시키면서 모든 사람의 책상 위에 컴퓨터를 사용할 수 있도록 한 힘은 도서관에서 본 수많은 책에서 나왔다. 빌 게이츠는 어린 시절 아버지와 함께 동네 도서관에서 수많은 책을 읽으며 꿈을 키웠고, 그 책의 힘이 자양분이 되어 창조적인 일들을 할 수 있었다.

빌 게이츠뿐만 아니라 수많은 발명품을 남긴 발명왕 에디슨 역시 도서관이 만든 사람이었다. 에디슨은 어린 시절 디트로이트에 있는 집 근처의 도서관에서, 비치된 모든 책을 거의 다 읽었다고 한다. 그래서 에디슨은 "나는 동네 도서관을 통째로 읽었다"라고 하였다. 어린 시절부터 동네 도서관에서 읽은 수많은 책이 아이디어의 원천이 되어서 에디슨 역시 큰 발명가가 되었다.

나를 키운 것도 동네 도서관이었다. 빌 게이츠의 말이 이제는 나의 말이 되었다. 나는 한 걸음 더 나아가 이 땅의 모든 사람이 나를 키운 장소인 도서관을 이용하기를 소망한다. 도서관은 우리 삶의 꿈을 키워주는 최고의 장소이다. 학생도, 주부도, 직장인도, 은퇴하여 인생 2막을 준비하는 장년들에게도 도서관은 꿈을 만들어주는 꿈의 충전소이다.

내가 이용하는 영종도서관에 감사의 마음으로 쓴 책들을 기증하였다. 책을 기증한 후 도서관장님과 차를 마시며 대화를 나누고 있는데, 이런 말을 하셨다. "도서관은 가로등과 같다." 그 말을 들으면서 '내 안이 책의 향기로 가득 차면 나의 삶도 자연스럽게 가로등처럼 빛을 발하는 삶이 되겠구나!' 생각하게 되었다.

이 책을 쓰면서 도서관과 관련한 꿈을 꾸어 본다. 내가 쓰고 있는 책들이 전국의 도서관 서가에 꽂히기를 꿈꾸어 본다. 그리고 이 땅의 많은 사람이 어렵고 힘들 때, 도서관에서 책을 통해 희망을 발견하기를 꿈꾸어 본다. 그리고 도서관에서 나의 삶에 희망을 주었던 책으로, 희망의 이야기를 나누고 싶다. 이 글을 쓰는 순간 그런 소망과 감사와 함께 다시 한 번 고백한다. 나를 키운 것은 동네 도서관이었다. 내가 사는 마을에 도서관과 책이 있어서 고맙다. 도서관 덕분에 내 인생의 키가 두 뼘이나 크게 자랐다.

영종도서관에서 만난 인생 나침반과 같은 책 『걸작의 공간』

미국 예일대학의 교수인 J.D.McClactchy(J.D.매클래치)가 저술한 『걸작의 공간, American Writers at Home, 마음산책』은 2011년에 한국에서 출간된 책이다. 나는 이 책을 내 인생이 가장 힘들 때인 2011년에 영종도서관 3층에서 만났다. 저자 J.D. 매클래치 교수는 "작가의 집에 대한 인간적인 기록"이라는 부제로 이 책에서 21명의 작가를 소개하고 있다. 나는 그중에 랠프 월도 에머슨의 생애와 그가 글을 썼던 작가의 방에서 큰 감동을 받았다.

랠프 월도 에머슨(Ralph Waldo Emerson, 1803-1882)에 대해서 저자 매클래치 교수는 "이 책에서 논의된 어떤 작가도 에머슨만큼 미국의 정신을 많이 담아내거나 미국 역사에 깊은 영향을 끼치지 못했다. 미국인들이 스스로를 곧, 미국인의 희망과 야심과 계획한 사업을 가장 잘 이해하는 방법은 애초에 에머슨이 규정한 미국인의 성격과 밀접한 관련이 있다"라고 말한다. 저자는 에머슨의 방을 "미국 역사에서 가장 중요한 방"으로 묘사하고 있다. 에머슨의 방에서 미국 역사가 만들어졌다고 말하고 있다.

에머슨은 젊은 시절 교사로 일하다가, 부친과 조부의 모범을 따라 목회자의 길을 가기로 결심했다. 그는 직급이 올라 주 의회 지도 목사가 되고, 유명한 목사이자 역사가인 코튼 매더의 유서 깊은 교회에서 부목사가 되었으며, 엘렌 터커와 결혼도 했다. 그러나 앨렌은 결혼 한지 겨우 다섯 달 만에 열아홉의 나이로 결핵에 걸려 사망했다. 아내의 갑작스러운 죽음으로 목회를 계속할 수 없었던 그는 목사직을 사임하고 유럽으로 여행을 떠났다. 에머슨은 영국에서 토마스 칼라일과 존 스튜어트 밀, 새뮤얼 테일러 콜리지, 윌리엄 워즈워스를 만났다.

여행에서 돌아오면서 에머슨은 자신의 사상을 지닌 작가가 되고자 결심을 했다. 그리고, 매사추세츠 플리머스 출신의 리디아 잭슨과 재혼을 하였다. 그녀는 에머슨보다 한 살 연상이 매력적인 여성으로 정서적인 면이 강하고 시적인 감성을 지닌 사람이었다. 그는 첫 번째 부인이 남겨준 유산 가운데 3,500달러를 써서 집을 샀다. 그는 여생을 이 집에서 살았다. 가족들은 그 집을 부시(Bush)라고 했고, 얼마 지나지 않아서 그 집은 에머슨을 기리는 기념관이 되었다.

1882년에 루이자 메이 올컷은 이렇게 썼다. "그의 집 문으로 이어지는 대리석 보도에는 그를 향한 사람들의 사랑과 존경 때문에 그쪽으로 이끌려, 전 세계 구석구석에서 온 순례자들의 발길이 닿았다. 그 유명한 서재에서 그가 사는 고장의 주민들은 우리 시대의 위대하고 훌륭한 사람들을 많이 만나고, 정중한 주인을 통해 진정한 예의라는 가장 귀한 교훈을 얻는 특권을 누렸다." 처음부터 에머슨은 "아주 많은 책과 논문 그리고 가능하다면 현명한 친구들이 그 안에 가득하며 최대한 위트가 그 공간에 깃들도록" 하려는 의도가 있었다. 에머슨은 그 집에서 『자연론, 1836』, 『에세이집 1, 1841』, 『에세이집 2, 1844』, 플라톤, 몽테뉴 등 6인의 위인(偉人)을 논술한 『대표적 위인론, 1850』, 유럽 여행의 인상을 기초로 한 『영국 국민성론, English Traits, 1856』, 『처세론, The Conduct of Life, 1860』, 『사회와 고독, Society and Solitude, 1870』, 『2권의 시집, 1847-1867』, 『10권의 일기, 1909-1914』, 영국 여행 때 강연을 모은 『대표적 인물, Representative Men, 1849』 등 걸작(傑作)을 쓰면서 그 집을 걸작의 공간으로 만들었다.

　『걸작의 공간』은 내 인생이 가장 힘들 때 영종도서관에서 만난 내 인생의 나침반과 같은 책이다. 에머슨처럼, 목회를 할 수 없게 되었을 때 『걸작의 공간』에서 에머슨의 인생과 만났다. 그리고 나는 다짐했다. 에머슨이 글을 써서 미국의 정신적인 기초를 놓은 사상가가 되었던 것처럼 나도 글을 써서 대한민국의 기초를 놓는 사상가가 되리라고 다짐하게 되었다. 『걸작의 공간』을 만난 이후에 나는 이번 책까지 20권의 책을 쓰게 되었다. 책을 쓰면서 내 인생도 걸작으로 만들어져 가고 있음에 감사드린다. 인생의 폭풍우를 만났던 나는 영종도서관이라는 곳에 피신해서 책을 보다가 『걸작의 공간』이라는 구명보트를 타고 구출되어 다시 세상을 향해 나아가게 되었다.

2부

박성배 작가의 북플라잉

쓰기론

나폴레온 힐(Napoleon Hill)의 글쓰기

나폴레온 힐은 역경 가운데서 대작을 써냈다.

　나폴레온 힐은 인생 가운데 가장 힘든 시기를 겪었다. 돈도, 집도, 신뢰도 없었다. 친구들조차 다시 일어설 수 있을지 의심했다. 어두운 날들을 보내며 먹을 것조차 없던 때 작은 방의 벽에 '나는 포기하지 않을 것이다'라는 문구를 적었다. 그리고 매일 그것을 읽었다. 그것뿐이었다. 설명, 변명, 복잡한 계획은 없었다. 보장, 인정, 즉각적 결과가 없더라도 해야 할 일, 글을 쓰고, 생각하고, 일하는 것에 대한 불굴의 조용한 약속만이 있었다.

　그것은 동기 부여 행위가 아니었다. 임무와의 계약이었고, 계약은 세상이 그의 말에 귀를 기울일 때까지 수년 동안 그를 지탱했다. 조용히 한 단어 한 단어 써내려간 책이 베스트셀러가 될 때까지 그렇게 힘든 시기를 묵묵히 견디면서 날마다 글을 썼다. 많은 사람들이 그가 운이 좋았다고 생각하지만, 그가 겪은 춥고 배고픈 고생과 역경은 알지 못했다. 그는 모든 상황과 모든 사람들이 포기하라고 말할 때에도 약속을 지키기 위해 치러야 할 대가를 치러야만 했다.

나폴레온 힐에게는 10가지 글쓰기 원칙이 있었다.

　나폴레온 힐에게 성공을 가져다준 것은 글쓰기였다. 그는 전 세계에 1억 부 이상 판매된 세계적인 책 『성공의 원칙』을 영감의 갑작스러운 폭발이 아닌 꾸준함으로 썼다. 때로는 밤에, 또는 새벽에 피로, 의심, 실패에 대한 두려움과 싸우면서 썼다. 하지만 그는 매일 끈기있게 계속 썼다. 그리고 그 작은 글쓰기의 습관이 20년간 쌓여서 대작을 쓰게 되었다. 힐은 자신의 경험을 바탕으로 『생각하라 그리고 부자가 되어라』를 썼으며, 이 책은 전 세계 많은 사람들에게 영감을 주고 있다. 그의 10가지 글쓰기 원칙은 나폴레온 힐의 성공철학을 완성하는 데 큰 역할을 했으며, 그의 책은 많은 사람들에게 영감과 도움을 주었다.

　10가지 글쓰기 원칙은 다음과 같다.

　1. 연구: 힐은 책을 쓰기 전에 20년 동안 500명 이상의 성공한 사람들을 연구했다. 이를 통해 성공한 사람들이 공통적으로 가지고 있는 특징과 성공 비결을 파악했다.

2. 인터뷰: 힐은 성공한 사람들을 직접 만나 인터뷰를 진행했다. 이를 통해 그들의 경험과 성공 비결을 자세히 들을 수 있었다.

3. 분석: 힐은 연구와 인터뷰를 통해 얻은 정보를 분석하여, 성공한 사람들이 공통적으로 가지고 있는 특징과 성공 비결을 정리했다.

4. 실천 방법 제시: 힐은 분석 결과를 바탕으로 『생각하라 그리고 부자가 되어라』를 썼다. 이 책은 성공한 사람들이 공통으로 가지고 있는 특징과 성공 비결을 소개하고, 이를 실천하는 방법을 제시한다.

5. 수정: 힐은 책을 쓴 후에도 여러 차례 수정을 거쳐 완성도를 높였다.

6. 명확성: 힐은 복잡한 개념을 단순하고 이해하기 쉬운 언어로 전달하는 것을 중요시했다. 그의 글은 명확하고 직관적이어서 독자들이 쉽게 이해하고 적용할 수 있도록 했다.

7. 실용성: 힐은 이론적인 개념뿐만 아니라 실용적인 조언과 전략을 제공했다. 그의 글은 독자들이 실제로 적용할 수 있는 도구와 방법을 제시하여 성공에 도움을 주었다.

8. 긍정성: 힐은 긍정적인 마인드 셋과 태도를 강조했다. 그의 글은 독자들에게 긍정적인 에너지를 전달하고, 성공에 대한 믿음과 열정을 심어 주었다.

9. 실생활 예시: 힐은 자신의 경험과 성공한 인물들의 이야기를 예시로 사용하여 글을 풍부하게 만들었다. 이를 통해 독자들은 실제 사례와 경험을 통해 성공의 원리를 이해할 수 있었다.

10. 간결성: 힐은 간결하고 명료한 문장을 사용하여 글을 작성했다. 그의 글은 불필요한 장식을 배제하고 핵심적인 내용을 간결하게 전달하여 독자들의 관심을 끌었다.

나폴레온 힐에게는 철학이 있었다.

"당신이 자신의 운명을 통제하지 않으면 다른 누군가가 통제할 것이다. 부는 우연이 아니다. 설계된 결과물이다. 세상에는 두 종류의 사람이 있다. 한 종류는 웅장한 건축물을 보며 '저런 건물을 가질 수 있다니, 정말 운이 좋군'이라고 말하는 구경꾼이다. 다른 한 종류는 아무것도 없는 허허벌판에서 설계도를 펼치고 첫 삽을 뜨는 건축가이다. 당신은 지금까지 구경꾼의 삶을 살아왔다. 당신은 부를 일종의 로또처럼, 소수에게만 신비로운 행운이라 믿었다. 그래서 부유한 사람들을 보며 감탄하거나 질투할 뿐, 그들이 그 부를 어떻게 '건축'했

는지에 대해서는 단 한 번도 진지하게 탐구하려 하지 않았다. 그것이 당신이 아직도 가난한 이유이다. 오늘 나는 당신의 그릇된 신앙을 완전히 파괴하려 한다."

부는 결코 우연의 산물이 아니다. 부는 운명의 변덕이 아니다. 부는 철저하게 계획되고, 정밀하게 설계되며, 강철같은 의지로 건설된 결과물이다. 마치 건축가가 설계도에 따라 건물을 올리듯, 부자들은 부의 법칙에 따라 자신의 부를 '건축'한다. 당신과 그들의 유일한 차이는, 그들은 자신이 인생의 건축가임을 깨닫고 설계도를 그리기 시작했지만, 당신은 아직도 자신이 구경꾼인 줄 착각하고 있다는 사실 뿐이다. 이제 구경꾼의 자리를 박차고 일어나 인생이라는 대지의 유일한 건축가가 될 시간이다. 스스로의 부를 설계하고 건설하는 구체적인 청사진을 지금부터 공개한다.

1. 첫 번째 단계는 '설계도 작성'이다. 어떤 건축가도 설계도 없이 건물을 짓지 않는다. 설계도는 모든 건축의 시작이자 끝이다. 부의 세계에서 이 설계도는 바로 나폴레온 힐의 성공의 출발점인 '명확한 주요 목표(Definite Chief Aim)'이다. '부자가 되고 싶다'는 안개 같은 생각은 설계도가 아니다. 그것은 낙서에 불과하다. 설계도는 구체적이고, 전략적이어야 한다. "나는 2029년 12월 31일까지, 순자산 30억 원을 달성한다." "나는 이 목표를 달성하기 위해, 내 전문 분야에서 최고

의 서비스를 제공하고, 그 가치를 세상에 증명한다." 이처럼, 무엇을 언제까지, 그리고 그 대가로 무엇을 할 것인지를 명확히 기록해야 한다. 이것이 나의 설계도다. 이 설계도를 종이에 적어 매일 보고, 잠재의식이라는 시공사에 정확한 건축 명령을 내려야 한다.

2. 두 번째 단계는 기초 공사다. 아무리 화려한 설계도라도, 부실한 기초위에 세워진 건물은 작은 충격에도 무너져 내린다. 부의 건축에서 기초는 바로 '불타는 열망(Burning Desier)'이다. 이것은 단순한 희망 사항이 아니다. '그렇게 되면 좋겠다'는 미지근한 바람이 아니다. 잠을 자다가도 벌떡 일어나게 만들고, 밥을 먹다가도 생각나게 하는 온 몸의 세포를 지배하는 집요와 강박 그것이 바로 불타는 열망이다. 목표를 향한 열망을 의도적으로 불태워야 한다. 그리고 이 열망이라는 용액에 신념(Faith)이라는 경화제를 섞어야 한다. '나는 이 목표를 반드시 달성할 수 있다'는 단 1%의 의심도 허용하지 않는 절대적인 믿음, 이 불타는 열망과 신념이 결합된 견고한 기초만이 앞으로의 모든 시련과 역경을 버텨낼 힘을 제공한다.

3. 세 번째 단계는 자재 확보와 팀 구성이다. 이제 실제 건축에 필요한 자원을 모아야 한다. 첫 번째 자제는 '전문직식

(Specialized Knowledge)'이다. 힐은 부를 쌓기 위해 대학 학위가 필요한 것은 아니지만, 제공할 서비스나 상품에 대한 전문지식은 반드시 필요하다고 강조했다. 모든 것을 알 필요는 없다. 하지만 내 분야의 최고가 되기 위해 무엇을 배워야 하고, 그 지식을 어디서 얻을 수 있는 지는 알아야 한다. 두 번째 자원은 바로 사랑이다. 위대한 건축은 결코 혼자 할 수 없다. 같은 비전을 지지하고, 나에게 없는 지식과 경험을 제공해 줄 '마스터마인드(Master Mind)그룹'을 결성해야 한다. 목표 달성에 도움을 줄 수 있는 사람들과 조화로운 협력 관계를 구축하라. 이것은 노력을 몇 배로 증폭시키는 가장 강력한 레버리지이다.

4. 네 번째 단계는 실제 시공이다. 이제 설계도와 자재, 팀이 준비되었으니 건물을 올리는 일만 남았다. 이 과정에서 필요한 것은 두가지다. 첫째는 '끈기(Persistence)'이다. 공사 현장에는 예측 불가능한 문제들이 발생한다. 악천후가 닥치고 자재 공급이 늦어지며, 인부들이 문제를 일으킨다. 대부분의 사람들은 '일시적인 패배' 앞에서 공사를 포기한다. 하지만 성공적인 건축가는 이것이 과정의 일부임을 안다. 끈기란 의지력과 열망이 결합하여 만들어내는 지속적인 힘이다. 포기하고 싶은 유혹이 찾아올 때마다 완성될 건물의 웅장한 모습을 떠올리며 하루치 벽돌을 더 쌓아야 한다. 둘째는 '결단력

(Decision)'이다. 현장에서는 매일 수많은 결단을 내려야 한다. 우유부단함은 공사 기간을 지연시키고 비용을 증가시키는 최악의 적이다. 신속하고 단호하게 결정하고, 한번 내려진 결정에 대해서는 쉽게 번복하지 마라. 성공하는 사람들의 공통점은 결단력이다.

5. 마지막 다섯 번째로 '잠재의식'이라는 현장 총감독을 완벽하게 자신의 편으로 만들어야 한다. 잠재의식은 24시간 쉬지 않고 일하며, 내가 내리는 모든 명령, 즉 지배적인 생각을 현실로 만들어 내기 위해 작동한다. '자기 암시'라는 도구를 통해 매일 설계도를 잠재의식에 각인시켜야 한다. 목표와 신념을 반복적으로 주입하여, 잠재의식이 다른 길로 새지 않고 오직 설계도를 구현하는 데에만 집중하도록 만들어야 한다.

이것이 바로 부를 설계하고 건설하는 전 과정이다. 여기에는 우연이나 행운이 끼어들 자리가 없다. 모든 단계는 명확한 원인과 결과의 법칙에 따라 움직인다. 만약 당신이 가난하다면, 그것은 운이 나빠서가 아니다. 설계도가 부실했거나, 기초가 약했거나, 시공 과정에서 끈기가 부족했기 때문이다. 이제 남의 탓을 멈추고, 운명을 원망하는 것을 멈춰라. 모든 책임과 권한은 건축가인 나에게 있다. 세상 사람들이 '기적'이라 부르는 성공의 이면에는, 이처럼 치밀한 설계와 지루하리만큼 반복된 건설의 과정이 숨어있다. 그들은 완성된 건물만 보고 감탄하지만, 당신은 이제 그 건물이 어떻게 지어졌는지 그 원리를 알게 되었다. 부의 법칙은 중력의 법칙처럼 누구에게나 공평하게 작용한다. 이제 선택해야 한다. 언제까지 남들이 지어놓은 웅장한 건물들을 올려다보며 부러워만 하는 구경꾼으로 살 것인가? 아니면 오늘 인생이라는 대지 위에 나만의 제국을 건설할 위대한 건축가로서 첫 삽을 뜰 것인가? 설계도를 펼쳐라. 기초를 다져라. 그리고 벽돌을 쌓아라. 나의 제국은 내 생각 속에서 시작된다.

2025년 여름에 나는 나폴레온 힐의 글쓰기를 만났다.

고난을 이긴 사람들은
책을 썼다

고난을 이기고 재기한 사람들은 대부분 고난의 때에 글을 썼다. 10년간 홀로 있으면서 독서와 글쓰기로 일본 최고의 작가이며 교수가 된 사이토 다카시는 『원고지 10장을 쓰는 힘』에서 이렇게 말했다.

"열 장의 원고지를 채우면, 다시 말해 열 장의 벽을 넘으면 그다음에는 스무 장이든 서른 장이든 거뜬히 쓸 수 있다."

나 역시 고난의 때에 글을 쓰기 시작했다. 살아오면서 그 흔한 백일장이나 글쓰기 대회에 나가서 상을 타본 적도 없다. 내가 글을 쓰기 시작한 것은 살기 위한 생존의 수단이었다. 힘든 17년의 세월을 보내면서 나를 돌아보고 성찰하기 위해 글을 쓰고 또 썼다. 그렇게 2009년부터 독서를 시작한 후 3년 만에 독서의 내공으로 첫 책인 『한 걸음 더』(공저)를 출간 한 후 꾸준히 100권의 책을 만들었다. 다음에 소개할 조앤 롤링, 다산 정약용, 도스토옙스키는 내가 힘들 때 만났던 내 글쓰기의 멘토들이다.

조앤 롤링과 해리포터

 2008년 5월 미국 하버드대학 졸업식에서는 해리포터 시리즈의 작가 조앤 롤링(Joan K. Rowling)이 졸업 축사를 하였다. 그녀는 성공이 보장된 것처럼 보이는 하버드 졸업생들에게 "삶의 가장 밑바닥이 인생을 새로 세울 수 있는 가장 단단한 기반이다"라고 말했다. 조앤 롤링은 대학을 졸업하고 7년 동안 엄청난 실패를 겪었다. 결혼에 실패해 '싱글 맘'이 되어 삶은 너무나 곤궁했고, 추락은 끝없이 이어졌다. 아무리 노력해도 꿈쩍 않는 삶의 질곡 속에서 그녀는 끝없는 추락을 끝내고 싶은 나머지 자살을 시도했다. 하지만 삶이 모진 만큼 살고자 하는 욕망 또한 질기게 마련이었다. 특히 어린 딸을 놔두고 죽을 수 없었기에 그녀는 바닥을 치고 다시 일어났다.

 다시 살기로 작정한 그녀는 자신을 독하게 추슬렀다. 친구로부터 600파운드를 빌려 세든 에든버러의 허름한 임대 아파트에서 우울증과 싸우며 이야기를 써내려갔다. 마법 소년 해리포터 이야기였다. 물론 생활고를 이겨내기 위해 쓰기 시작한 것이지만, 한편으론 동화책 한 권 사 줄 수 없는 형편에 스스로 어린 딸에게 해줄 이야기를 쓰는 엄마가 되기로 작정한 까닭도 있었다. 조앤은 우는 아이를 재워두고 혹은 유모차에 태워 집 앞의 카페나 공원에 가서 글을 쓰며 '해리포터' 시리즈의 첫 권인 『해리포터와 마법사의 돌』을 탈고했다. 그녀의 해리포터 시리즈는 1997년 6월 26일 출간되자마자 마치 마법처럼 세상을 뒤흔들었다.

끼니를 걱정해야 했던 조앤 롤링은 '해리포터 시리즈'의 대박으로 자그마치 5억 4,500만 파운드, 한화로 1조원이 넘는 거부가 되었다. 그녀는 포브스지 선정 세계 부자 순위 500위권에 올랐고, 영국 여왕보다 더 큰 부자가 되었다. 하지만 그녀가 하버드 졸업식장에 서서 축사를 할 수 있었던 진짜 이유는 그녀가 대박을 낸 작가이거나 억만장자이기 때문은 아니었다. 그녀가 바닥을 치고 일어섰기 때문이다. 그녀는 바닥을 칠 일은 절대 없어 보이는 하버드 졸업생에게 진짜 성공하고 싶거든 바닥을 치고 일어서라고 했다. 세상에서 가장 센 사람은 바닥을 치고 일어난 사람이기 때문이다.

나는 작가가 되는 밑바닥 정신을 조앤 롤링(Joanne Kathleen Rowling)을 통해서 배웠다. 그녀가 그 어려운 인생의 밑바닥에서 온갖 역경을 물리치고 해리포터를 완성해가는 모습 속에서 글 쓰는 작가로서의 의지를 배웠다. 조앤 롤링과 비슷한 인생의 밑바닥을 겪으면서 나는 조앤 롤링의 삶으로부터 배우고 글을 계속 쓰는 작가가 되고자 굳게 다짐하게 되었다.

내가 조앤 롤링에게 배운 열 가지 비결은 다음과 같다.

1. 상상력을 마음껏 즐겨라.
2. 보물지도 같은 꿈을 지녀라.
3. 다양한 지식을 쌓아라.
4. 언제 어디서나 영감을 얻어라.
5. 시련을 받아들이고 이겨내라.
6. 두려워 말고 용기를 가져라.
7. 절대 좌절하지 말라.
8. 일에 대한 열정을 가져라.
9. 자신을 믿고 인내심을 키워라.
10. 목표를 정하고 두려움을 극복하라.

조앤 롤링은 나에게 글쓰기를 도전하게 한 멘토로서 절망의 밑바닥에서도 포기하지 않는 정신을 가르쳐 주었다. 해리포터 시리즈를 완간한 조앤의 인내와 용기가 내게 잠재되어 있던 글쓰기의 재능을 일깨워 주었다. 바닥을 딛고 일어난 조앤 롤링의 용기가 나를 글 쓰는 작가로 만들었다. 조앤 롤링을 통해서 배운 정신은 '바닥을 치고 일어난 사람이 가장 강한 사람'이라는 바닥 정신이다. 나는 앞으로도 계속해서 바닥 정신을 가지고 글을 써나갈 것이다.

강진 유배 18년간 집필로 실학을 집대성한 정약용

다산 정약용을 깊이 이해하게 된 것은 나도 인생의 고난을 겪었기 때문이다. 다산 정약용이 강진에 유배되어 있으면서 겪었을 고난에 깊이 공감했기 때문이다. 다산 정약용 탄생 250주년을 맞이하여 발간된 『고난의 선물』(정약용 지음, 이준구 엮음, 스타북스)은 고난의 시간을 승화시킨 선구적 학자, 정약용을 잘 설명하고 있다.

강진으로 유배를 떠난 정약용은 끝을 알 수 없는 난관에 부딪혔지만, 무너져 내리지는 않았다. 정약용은 시련의 시간을 자신이 추구하고 탐구하던 사상을 실현할 기회로 삼고, 학문연구에 매진하여 제자를 길렀다. 빛이 강하면 그림자도 짙듯이 정약용 학문의 대체적인 완성은 유배지의 고난에서 이루어졌다. 다산 정약용이 겪은 강진 유배 18년이 다산을 위대한 사상가로 만들었다.

다산 정약용(1762-1836)은 조선 후기 실학의 대가이다. 하지만 그는 신유사옥에 연루되어 1801년부터 18년 동안 유배지에서 귀양살이하였다. 나이 마흔에 귀양살이를 시작해서 쉰일곱 되던 해가 되어서야 다시 고향으로 돌아올 수 있었다. 그 유배 생활을 통해 다산은 『경세유표』, 『목민심서』 등 520권의 책을 지었고 결과적으로는 조선 실학의 대계를 세우게 되었다. 그러나 개인적으로는 참으로 불행하고 안타까운 삶의 연속이 아닐 수 없었다. 그는 유배지에 묶여 있으면서 자식과 형제의 부음을 들어야 했고, 부인은 물론 어린 자식들과도 떨어져 지내야 했기 때문이다.

　이러한 절망에 놓인다면 누구든지 자포자기하였을 것이다. 그러나 다산은 달랐다. 다산은 모함과 유배의 고난에서 자신을 돌이켜 보고, 주어진 환경 속에서 백성을 위해 자신이 해야 할 일이 무엇인지 찾고자 하였다. 그리고 관념이 아닌 현실 속에서 해답을 만들어 내고자 실천하였다. 강진에서 세운 다산의 목표는 상호 이익과 퇴계 이황의 학문 세계를 사숙하는 것이었고, 비전은 자신이 가진 지식과 경험을 백성들이 편하게 활용할 수 있도록 하는 것이었다. 다산은 강진에서 자신이 배운 지식을 가지고만 있는 것이 아니라, 지혜로 활용할 줄 아는 실학자가 되겠다는 비전을 세운 것이다.

　다산은 자신의 비전을 이루기 위해 18년 동안 유배 생활을 하면서 520여 권에 이르는 엄청난 저술을 남겼다. 그는 죽을 때까지 멈추지 않고 왕성한 저술 활동을 하였다.

　정약용은 부인 홍 씨에게서 모두 6남 3녀를 낳았는데, 네 아들과 딸 하나를 잃는 슬픔을 맛봐야 했다. 유배지에서도 자식을 잃은 슬픈 소식을 들어야 했다. 유배 초기였던 1802년 겨울, 넷째아들 농아가 죽었다는 소식을 접하고는 아들의 무덤에 넣어 묻어줄 광지를 써 보내기도 했는데 '농아 광지'가 바로 그것이다. 그렇게 해서라도 자기보다 앞서간 어린 아들을 가슴에 묻으려고 했다. 결국,

살아남은 아이는 2남 1녀뿐이었다. 다산이 강진에 유배될 때 큰아들 학연은 18세였고, 작은아들 학유는 15세였다. 한창 아버지를 필요로 할 나이에 아이들과 떨어져 있을 수밖에 없는 처지였기에, 다산은 각별한 마음으로 아이들에게 편지를 부쳤을 것이다.

유배 생활 10년째 되던 어느 날, 부인 홍씨가 마음의 정표로 시집올 때 입고 왔던 연분홍 치마를 보내왔다. 비록 세월이 흘러서 빛바랜 치마였지만, 정약용에게 부인의 마음이 고스란히 전해졌다. 치마폭에는 윤창모에게 시집간 딸을 떠올리며, 그 위에 새 그림을 그리고 가족의 화목을 희구하는 시를 적어 보냈다. 오랜 귀양살이로 제대로 아비 노릇을 하지 못한 것에 대한 미안함과 딸에 대한 애틋한 사랑이 고스란히 담긴 것이었다. 다산 정약용은 위대한 사상가로 우리에게 기억된다. 그러나 그의 진정한 인간성의 한 단면은 18년간의 유배 생활 속에서도 가족에 대한 사랑을 간직했다는 사실에 있었다. 다산이 유배지에 있으면서 가족 사랑은 남달랐다.

이런 다산 정약용을 통해서 배울 수 있는 교훈은 가족에 대한 사랑과 함께 유배지에서도 포기할 줄 모르는 강한 열정과 뚜렷한 비전이었다. 다산은 자신의 삶을 통해서 후세를 사는 우리들에게 절망이 있더라도 포기하지 말고 비전을 가지고 도전하라는 가르침을 주고 있다. 다산이 절망을 극복하고 후세의 사람들에게 존경을 받는 것은 역경 가운데서도 큰 비전을 가지고 있었기 때문이다. 다산은 우리에게 최악의 역경 가운데서 최선의 결과를 남긴 삶의 발자취를 남겨주었다.

나는 다산 정약용에 대해서 예전에는 잘 몰랐지만, 이제는 그가 겪었던 강진 유배 18년의 세월이 나의 일처럼 마음에 새겨진다. 그리고, 다짐도 하게 된다. 다산 정약용이 모진 세월을 독서의 힘으로 이기고 수많은 저술을 남겼던 것처럼, 나 역시 좋은 책들을 많이 남기는 삶을 살고자 한다.

사형장에서 살아난 도스토옙스키

도스토옙스키(Fyodor Mikhailovich Dostoevsky, 1821-1881)는 세계에서 가장 위대한 작가로 꼽히는 러시아의 대문호이다. 그의 작품은 인간이 가지고 있는 궁극적인 문제를 주로 다루면서, 비상하게 인간 심리의 내면을 극한까지 파헤쳐 들어가 묘사함으로써, 개인의 사상과 문학에 깊은 영향을 미쳤다. 도스토옙스키가 대문호로 탄생한 배경에는 28세 때 겪은 참담한 사건이 있었다. 1847년 그는 '유토피아 사회주의자' 단체인 '페트라세프스키회'에 참여해서 정치적인 토론을 벌였다. 그러나 꿈을 펼쳐 보이기도 전에 그 단체는 당국에 의해 발각되었고, 도스토옙스키는 동료 33인과 함께 체포되어 농민반란을 선동했다는 혐의로 사형선고를 받았다.

1849년 12월 그는 상트페테르부르크 광장의 사형 집행대에 서게 되었다. 그의 얼굴에 두건이 씌워졌고, 병사들의 소총이 그의 가슴을 겨누고 있었다. 그는 여섯 번째였고, 이미 세 사람은 사형대의 기둥에 묶여 있었다. 눈앞이 캄캄하고 온몸이 공포로 조여들어 오는 소름 끼치는 그 순간, 도스토옙스키는 하늘을 우러르며 맹세했다.

'만약 내가 여기서 살아나간다면 남은 인생의 1분 1초도 허비하지 않겠다.'

그는 마지막 5분간 지나온 인생을 돌아오며 다짐을 하고 있었다. 그는 헛된 희망이라는 것을 알았지만, 희망의 끈을 놓지 않았다. 그는 땅 위에서 살아있을 시간을 계산해보니 꼭 5분이 남아 있었다. 그래서 그는 아는 사람들에게 최후의 인사를 하는데 2분, 오늘까지 살아온 생활과 생각을 정리하는데 2분, 그리고 발을 붙이고 살던 땅과 자연을 돌아보는데 나머지 1분을 쓰기로 했다. 그때 기적이 일어났다. 마차 한 대가 광장을 가로질러 오더니 관리가 뛰어내리며 소리쳤다.

"사형을 중지하라. 황제의 명이다. 사형을 중지하라."

죽음을 목전에 두고 있다가 총살형을 면하고 다시 살아난 그는 4년 동안 시베리아에서 유형 생활을 해야 했다. 유형 생활은 살을 에는 혹한 속에서 무려 5kg에 달하는 쇠사슬을 다리에 매달고 다니는 혹독한 고문과도 같았지만, 그는 다시 태어난 삶을 값지게 준비하는 시간으로 삼았다. 시베리아에서 그에게 허락된 것은 『신약성서』 한 권이었다.

허락된 신약성서는 그의 영혼을 새롭게 하였다. 유형 생활로 굴욕당하고 상처 입은 사람들을 더 깊이 연구하는 데 필요한 자료를 풍부하게 제공해주었다. 이러한 상황은 더할 나위 없는 스승이요, 도서관이 된 셈이었다. 글쓰기가 허락되지 않았기 때문에 머릿속으로 소설을 써서 그것을 모조리 외워 두었다. 그는 시베리아 옴스크 감옥에서 4년을, 그리고 출옥 후 5년간 중앙아시아에서 사병으로 근무하고, 1859년 말 10년 만에 수도 페테르부르크로의 귀환이 허락되어 자유의 몸이 되었다.

그때부터 도스토옙스키는 죽는 날까지 미친 듯한 열정으로 글을 쓰기 시작했다. 유형 생활 후에 돌아온 그는 혁명가가 아닌 깊은 신앙심으로 러시아와 서구를 물질문명으로부터 구원해야 한다는 신념으로 글을 쓰게 되었다. 그는 도시의 뒷골목과 지하실의 사람들, 가난한 학생, 하급 관리들, 학대받고 고통받는 사람들, 그들의 고뇌를 치밀하게 묘사하면서 세계 문학사상 가장 위대한 작품으로 꼽히는 『죄와 벌』, 『카라마조프의 형제들』 등 대작을 잇달아 내놓았다. 대문호 도스토옙스키를 만든 것은 젊은 날 사형 집행 전까지의 결단의 5분이었다. 그는 지금도 러시아뿐 아니라 세계 문학사에 꺼

지지 않는 불꽃으로 활활 타오르고 있다.

　내가 도스토옙스키를 통해서 배운 점은, 젊은 날의 아픔과 고난이 위대한 작가가 되는데 보약이 되었다는 사실이다. 도스토옙스키는 시베리아 유형을 가기 전에도 글을 쓰는 작가였다. 그러나 도스토옙스키는 고난의 세월을 겪으면서 달라졌다. 시베리아 유형의 4년을 혹독하게 겪으면서 인간 내면의 죄와 악을 깊이 통찰할 수 있는 작가로 거듭났다. 도스토옙스키가 시베리아 유형을 마치고 발표한 소설 『죄와 벌』은 그야말로 인간의 내면을 깊이 통찰하고 해부한 글이라는 평가를 받는다. 도스토옙스키에게서 성경에 바탕을 두고 인간의 내면을 예리하게 묘사해내는 작가 정신을 배운다.

책쓰기와 함께
이루어진 꿈

헨리에트 앤 클라우저(Henriette Anne Klauser)는 『쓰면 이루어진다(Write it Down, Make it happen)』에서 "기록한 대로 이루어진다는 믿음을 담아 열정적으로 펜을 움직이면 그것은 스스로 에너지를 발산하게 된다. 결국, 당신의 손으로 삶을 움직이게 되는 것이다"라고 말했다.

나도 희망과 소원을 담아 글을 써서 출간하면서부터 내가 꿈꾸던 일들이 구체적으로 이루어지기 시작하였다. 지난 17여 년 동안 집중 독서를 통해서, 내면에 내공이 쌓이면서 쓰고 싶은 욕구가 생기기 시작하였다. 나의 첫 글쓰기는 SNS에 글을 올리면서부터였다. 빚을 진 상황에 난방도 안 되는 방에서 이불을 뒤집어쓰고 책을 보다가 마음에 와 닿는 문장들을 페이스북(Facebook)에 올리기 시작하였다. 그렇게 6개월 정도를 하였을 무렵에 어느 날, 출판사 대표의 전화 한 통을 받았다.

"여보세요? 박성배 님이세요? 어떻게 그렇게 좋은 글을 올리세요? 페이스북 친구 몇 명이 글을 모아서 책을 출간하려고 하는데, 같이하시면 좋겠습니다."

그렇게 해서 출간한 나의 첫 책이 『한 걸음 더』(북셀프, 박사무엘 외 13인 공저, 2011)이다. 지금 생각해 보면, 부족한 글이지만 페이스북에 올렸던 글을 모아서 14인이 함께 출간한 『한 걸음 더』 덕분에 나는 작가로서의 아주 작은 첫 발걸음을 떼게 되었다. 그래서 나는 글을 쓰기를 망설이는 분들에게 말한다.

"일단 써라. 그리고 부족하더라도 출간하라. 글을 써서 출간하기 시작하면 어느덧 자신의 저서가 몇 권이 되는 작가가 되어 있을 것이다."

글을 쓰는 데 완벽하게 준비된 때는 없다. 명작이 된 작품들을 보면 오히려 인생의 역경의 때에 쓰인 책들이 대부분이다. 나 역시 출판사 대표의 전화를 받고 부족하지만, 공저부터 책 출간을 시작했기에 오늘날 내가 있다. 그렇게 페이스북에 올렸던 글을 모아 첫 책을 출간하고, 두 번째 책을 이어서 냈다. 첫 번째 책, 『한 걸음 더』가 에세이 스타일의 글이었다면, 두 번째 책은 인물 중심의 글이다. 내가 힘들 때 위로와 힘을 주었던 13인의 인물을 정리해서

『나는 매일 희망을 보며 행복하다』(북셀프, 박사무엘 외 9인 공저, 2012)를 출간하였다.

두 권의 공저를 출간하고, 선교 나갔던 여러 동역자의 글을 모아서 세 번째 책을 기획하였다. 그리고 나니 오랫동안 내가 영국과 헝가리에서 젊음을 바쳐 사역했던 선교 이야기도 책으로 출간하고 싶었다. 그렇게 내가 기획하여 『아름다운 발걸음』(예영커뮤니케이션, 2014)을 출간하였고, 이 책은 국민일보에도 소개되며 3쇄를 찍었다. 참으로 감사한 일이었다.

그렇게 내가 기획한 도서까지 세 권의 공저를 출간한 다음에는, 내 생애 첫 단독 저서를 쓰게 되었다. 2015년 출간한 첫 단독 저서 『일어나다』에는 몇 년간 건물을 짓고 힘들었던 내용을 어떻게 극복하고 일어났는가를 네 가지 키워드로 나누어 다루었다. 그 키워드는 책, 사람, 꿈, 믿음으로 힘들 때 나를 일으킨 것들이었다. 『일어나다』 책 출간 후에는 극동방송에 출연하여 책 이야기를 나누었고, 여러 교회와 모임에서 책으로 일어난 이야기를 나누었다. 책은 확실히 제목이 중요함을 느낀다. 『일어나다』를 출간할 2015년 당시만 해도 나는 온전히 일어난 것이 아니었다. 그러나 『일어나다』를 출간하고부터는 확실히 일어나게 되었다.

몇 권의 책을 출간하고 나니, 주변 사람들이 "책을 어떻게 쓰는 것입니까?"라고 물어 왔고 그래서 쓰게 된 책이 『크리스천을 위한 책쓰기 미션』(청어, 박성배 서상우 지음)이다. 이 책을 출간한 후에는 책 이름 그대로 책쓰기를 강의하는 길이 열리기 시작하였다. 광주 '다독다독' 도서관 1주년에는 『한국이 온다』(가나북스, 2017)로 특강을 한 후, 책쓰기 강좌를 열었다. 수강생 중 7인의 글을 모아서 『다독다독 책꿈행복』(예영, 박성배 외 8인, 2018)으로 출간하였다. CBS 1기생들을 지도한 후에는 그분들의 글을 모아서 『책 짓기 건축술』(예영, 박성배 외 9인, 2018)로 출간하였다. 극동방송에서 '통일을 앞당겨 주소서' 프로를 진행한 후에는 그 내용을 정리해서 한 권의 책 『통일을 앞당겨 주소서』(예영, 2016)로 출간하였다. 그 후에도 『인생 건축술』, 『꿋꿋이 나답게 살고 싶다』, 『인생미션』, 『한국교회의 아버지 사무엘 마펫』(킹덤북스, 박성배 강석진 지음)을 쓰면서 코칭 전문작가로 서게 되었다.

이렇듯 고통의 세월 17년 동안, 인생의 최악의 밑바닥에서 책을 읽기 시작하였고, 그 경험을 바탕으로 책을 출간하였는데, 그 책들을 통하여서 나는 도약하기 시작하였다. 그 고통의 시간에 쓴 책들 덕분에 나는 책쓰기에 관한 강의를 하게 되었고, 방송하면서 책쓰기 코칭을 시작하게 되었다.

여러 권의 책을 출간해 보면서 배운 점들이 많다.
우선 책을 쓰면서 책쓰기 전반에 상당히 정통하게 된다. 책을 쓰는 과정에서 많은 공부를 하기 때문에, 책을 출간한 후부터는 그 분야의 전문가로 자연스럽게 인정받아 강의와 방송의 길 등이 열리게 되었다. 나에 대한 자존감도 높아졌다. 책을 한 권 출간하면 박사학위를 받는 것보다도 더 자존감을 높여주는 것을 경험하였다. 그리고 책을 출간하면 주변 사람들의 보는 눈이 달라졌다. 인간관계에서 신뢰가 높아졌다. 책을 한 권 한 권 출간할 때마다, 인생은 한 단계 또 한 단계 도약함을 경험하였다. 그래서 책을 출간하는 것은 인생을 브랜딩하는 최고의 길임을 확신하게 되었다.

비즈니스의 터닝포인트, 책쓰기

유럽 10개국에서 매장이 며칠에 한 개씩 만들어지고, 창업 7년 만에 연 매출 5천억 원이라는 고속 성장을 이룬 글로벌기업, 켈리델리(Kelly Deli)의 켈리 최(Kelly Choi) 회장 역시 『파리에서 도시락을 파는 여자』를 출간하면서 알려졌다. 현재는 부러워할 만한 성공을 이룬 여성 사업가로 살아가고 있지만, 수년 전 첫 사업의 실패로 10억 원의 빚더미에 앉아 후배와 만난 자리에서 '저 커피 값은 누가 내는 거지?' 하며 고민했을 만큼 힘겨운 나날을 보내기도 했다.

켈리 최의 책에는 평범한 대한민국 여자가 유럽에서 일으킨 기적을 담고 있다. 그녀는 '기적은 행동하는 자에게 찾아온다'고 말한다. 그녀는 돈이 없어서, 나이가 많아서, 시간이 부족해서, 여자라서, 그런 통념을 깨뜨리고 실패를 딛고 다시 우뚝 선 이야기를 책으로 출간했다. 그녀는 "한 톨의 불씨만 있다면 다시 일어설 수 있다"고 말한다.

일본 최고의 부자가 된 소프트뱅크의 손정의 회장은 자신이 직접 쓴 자서전 『나는 거대한 꿈을 꿨다』에서 책이 자신을 만들었음을 이렇게 고백했다.

스물여섯에 5년 시한부 진단, 미친 듯 책을 읽었다. 만성 간염을 진단받은 다음 날 바로 입원했다. 병상에서 울었다. 그저 살고 싶었다. 그때 료마를 다시 만났다. 시바 료타로 소설 『료마가 간다』를 정독했다. 열여섯 시절, 내가 큰 뜻을 품게 해준 바로 그 책이다. 부끄러웠다. 료마는 서른하나에 죽었다. 얼마나 오래 사느냐가 아니라, 얼마나 스스로를 불태웠는가가 중요하다. 수렁에 빠진 느낌이 들 때마다 책을 폈다. 그렇게 읽은 책이 4,000여 권, 평생 먹고살 지식을 얻은 셈이다.

손정의는 5년 시한부 판정을 받은 병상에서 경영전략 '제곱 병법'을 창안하고 소프트뱅크를 일본 최고의 기업으로 키웠다.

중국을 대표하는 사업가로 우뚝 선 알리바바 마윈 회장은 『알리바바 마윈의 12가지 인생강의』에서 고입 재수생, 대입 삼수생은 어떻게 사용자 2억8,000만 명, 직원 수 2만3,000명인 알리바바 그룹의 회장이 되었는지를 말한다. 그는 책에서 '겨울을 미리 준비하여 견뎌라. 한두 번 실패를 거듭한다고 해서 죽지 않는다. 관건은 눈앞에 닥친 곤경이 아니라, 마음에 간직한 꿈이다. 나의 미래를 그리고, 적극적으로 사물을 바라보고, 자신을 변화시키는 것이 성공의 핵심'임을 강조한다. 그러면서 "오늘 힘들고 내일 더 고통스러우면 모레는 아름다운 성과를 거둘 수 있다. 내가 깨달은 최고의 성공 원칙은 절대 포기하지 않고 용기 있게 앞으로 나아가야 한다는 것이다. 포기는 최대의 실패"라고 말한다.

영원한 세일즈맨으로 불리는 웅진그룹 윤석금 회장은 2018년 3월 2일, 『사람의 힘』(리더스북)을 출간하였다. 1988년 웅진씽크빅을 창업해서 지금까지 38년간 경영 일선에서 체험한 사실을 한 권의 책으로 출간한 것이다. 영원한 세일즈맨 윤석금은 말한다.

꿈이 있는 사람은 내일이 설렌다. 감동을 주는 스토리로 브랜드 가치를 높여라. 물건을 팔지 말고 매력을 팔아라. 사람이 최고의 경쟁력이다. 위기가 닥칠수록 업의 핵심에 집중하라. 위기를 성장의 기회로 삼으면 약이 된다. 성공도 실패도 사람이 만든다. 사람의 마음을 얻으면 모든 것을 얻은 것이다. 일어서는 힘도, 나아가는 힘도 결국 사람에 있더라.

문창기 이디야커피 대표는 꿈꾸는 커피 회사, 이디야 이야기를 한 권의 책 『커피 드림』(한국경제신문, 2017)으로 썼다. 내가 국내 최다 가맹점 수, 최저 폐점률, 최고 브랜드 파워를 자랑하는 이디야커피를 알게 된 것도 책을 통해서였다. 문창기 대표는 2004년 매장 수 80여 개인 회사를 인수하여 12년 만에 그 수를 2,000개 이상으로 늘리며, 이디야를 명실상부 업계 최고 브랜드 파워를 자랑하는 회사로 성장시켰다. 허름하고 작은 사무실에서 10여 명의 직원으로 시작한 사업은 정체기도 있었지만, 현재는 글로벌 브랜드를 꿈꾸는 국내 최대 커피 회사로, 젊은이들이 원하는 꿈의 직장으로 성장했다. 문창기 회장의 『커피 드림』에는 이디야가 일궈낸 도전, 성공, 실패에 관한 모든 이야기가 담겨있다.

하형록의 『성경대로 비즈니스하기』(두란노, 2015)는 잠언 31장으로 최고의 회사를 경영하는 이야기이다. 하형록은 최고의 주차 빌딩건축 설계회사인 워커사에 입사해, 스물아홉의 나이에 중역에 오를 정도로 성공 가도를 달렸다. 아내와 두 딸을 둔 그는 세상에 부러울 것이 없었고, 그러한 삶이 영원할 것만 같았다.

그런데 불행은 예고도 없이 찾아왔다. 1991년 10월, 고속도로 한가운데서 의식을 잃고 말았다. 심실빈맥! 심장이 불시에 빠른 속도로 계속 뛰어 죽을 수도 있는 무서운 병이 찾아온 것이다. 건강에 대해서는 자타가 공인할 정도로 자신하던 그가, 서른세 살의 젊은 나이에 생사를 오가는 지경에 처한 것이다. 그는 2년간 생명을 위협하는 절박한 위기의 순간들을 필사적으로 넘기면서, 살기 위해 하나님의 말씀을 붙들었다. 그 말씀 속에서 하나님을 만났고, 완전한 하나님의 사람으로 거듭났다.

심장 이식 수술을 마치고 다시 세상으로 돌아온 그는 잠언 31장 (P31)에서 얻은 지혜로 하나님의 기업 '팀하스'(TimHaahs)를 시작했다. '우리는 어려운 사람들을 돕는다'는 사훈 아래, 잠언 31장에서 뽑은 주옥같은 성경의 원리들을 그대로 실천하는 그는, '성경대로 멋지게 비즈니스 할 수 있음'을 증명하면서 비즈니스계에서 하나님의 모델로 쓰임 받고 있다. '팀하스'는 현재 미국에서 젊은이들이 가장 일하고 싶어 하는 기업으로 성장해 가고 있다.

『인생은 셀프, 나답게 산다』(2018)는 행복한 나로 살기 위한 4인 4색 맨토링이다. 책은 강연계의 수퍼루키 엄마나 강사, 덕업일치의 아이콘 하플리 이지연 대표, MBC 창사 특집 다큐멘터리 화제의 주인공, 슈퍼모델 1위 이진영 변호사, BIGBANG, 2NE1, PSY, 비의 크리에이티브 디렉터 MA+CH 장성은 대표 등 4인의 공저이다. 책은 4인 4색, 각자의 이야기를 통해 '나답게 살 때, 진짜 행복이 찾아옴'을 알려준다. 이진영 변호사는 책에서 "나만의 때는 내가 정한다. 내 인생은 내가 사는 것이고, 내 행복도 내가 만들어가는 것이다. 다른 사람의 시선에 눈치 볼 필요 없고, 다른 사람과 비교해 늦었다고 지레 판단할 필요도 없다. 내 삶의 변화와 발전을 위해 도전이 필요하다면 망설일 이유가 없다. 인생에 결코 늦은 때란 없다"고 밝히고 있다.

갈수록 정년은 단축되어 가고 있다. 직장 생활은 영원하지 않다.

무작정 스펙을 쌓기보다는 현역으로 있을 때, 자신의 이름으로 된 책 한 권을 쓰는 것이 인생을 브랜딩하는 최고의 지름길이다. 앞에 소개한 이들 외에도 이미 책을 써서 자신과 사업을 더 효과적으로 브랜딩하는 이들이 너무나 많다. 이제는 당신 차례이다. 사업가라면 당신의 사업과 꿈과 비전을 한 권의 책으로 써라. 그러면 더 빛나는 내일이 열릴 것이다.

사명을 감당하는 목회자와
선교사의 책쓰기

담임목사는 한 지역교회를 책임지고 이끌어가면서 그 교회 공동체 안에 있는 성도들의 영혼을 돌보는 목자이다. 그러므로 가장 중요한 일은 설교를 통해서 영혼들에게 영의 양식을 공급하는 일이라고 할 수 있겠다. 또 성도들의 가정을 심방하거나 상담 등을 통해서 성도들의 신앙을 성장하게 하며 돌보는 일이다. 이렇게 사역하던 담임목사도 나이 70이 되면 은퇴를 하게 되는 것이 대체적인 교단의 규칙이다.

그런데 문제는 담임목사로 목회하다가 70세에 은퇴를 하고 나서도 매우 건강하고 남은 생애가 길다는 점이다. 지금은 100세 시대라고 말하는 것처럼, 목회자도 예외는 아니다. 오히려 목회자들이 세상 사람들보다 평균 수명이 길다. 그렇다면 목회를 하면서부터 책쓰기를 시작한다면 은퇴 이후의 삶이 더욱 보람되게 보내게 될 것이다. 현역 목회 시절뿐만 아니라, 은퇴 이후의 시간을 최고의 시간으로 보내는 비결은 바로 책을 쓰는 것이다.

나의 지난 신앙생활과 목회 여정을 생각해 보더라도, 좋은 책을 남겨준 목회자들의 책이 나를 이끌어 주었다. 목회자들이 남긴 좋은 책들 덕분에, 오늘의 내가 있을 수 있었다. 그 책들은 나의 내면을 살찌우게 하였고, 목회를 어떻게 하고 목회자로서 어떻게 살아야 하는지, 그 길도 제시해 주었다.

1982년 군 생활을 하던 조치원의 군인교회에서 예수님을 내 인생의 주인으로 만나게 되었다. 나는 공학을 공부하다가 입대한 공학도 출신이었지만, 군인교회 군종을 할 수 있었던 것은 성경을 여러 번 통독한 덕분이었다. 그리고 군인교회 책장에는 많은 책이 있어, 군 생활에서도 나는 책을 읽을 수 있었기에 가능했다.

내 나이 22살에 요한복음 4장을 통해서 예수님을 구주로 만나고, 나는 정말 성경을 많이 읽었다. 군 생활하면서 아마도 10번 정도는 읽은 것 같다. 성경을 읽으면서 대학 때 몰입했던 실존주의 철학과 불교에서 답을 구하려던 나의 정신적 방황은 인류 최고의 베스트셀러인 성경에서 끝이 났다.

그리고 군인교회 군종을 할 때, 군인교회에 있는 1,000여 권의 신앙 서적을 스펀지가 물을 빨아들이듯이 읽으면서, 나의 신앙은 무럭무럭 자라게 되었다. 그때 읽은 책 중에 지금도 기억나는 것은 석호인의 『신앙의 인물들』, 믿음의 사람들의 간증을 모은 책 『나의 믿음, 나의 신앙』, 그리고 마틴 루터의 저서들, 이광호 목사의 책 『12제자의 행적』 등 군인교회 책장에서 읽을 수 있는 책은 거의 다 본 것 같다.

그 후에 전역하고 신학을 공부하였으며, 목회자로서의 길을 걸어가면서 자연스럽게 목회자들의 책을 많이 읽게 되었다. 이동원 목사, 옥한흠 목사, 하용조 목사, 홍정길 목사, 강준민 목사, 송광택 목사, 조용기 목사, 김남준 목사, 유기성 목사, 이찬수 목사, 김양재 목사, 최일도 목사, 김진홍 목사, 빌 하이벨스 목사, 워렌 위어스비 목사, 찰스 스탠리 목사, 릭 워런 목사, 앤드루 머레이 목사 등, 이들이 책을 펴낸 책들은 거의 다 읽었고, 그 외에도 수많은 목회자의 책을 읽었다.

독서하면서 절실히 깨달은 사실은 책이 독자에게 큰 영향을 준다는 점이다. 아울러 독서를 통해 책쓰기의 중요성도 깨닫게 되어, 이 글을 쓰면서도 책쓰기는 인생에서 선택이 아니라 필수임을 다시 느낀다. 목회자들이 목회 활동하면서 깨달은 중요한 진리들을 책으로 남겼기에, 나를 비롯한 수많은 목회자가 책을 통해서 배움을 얻게 된 것이다.

책을 쓴 담임 목회자의 경우 몇 가지 유형이 있다.

첫째는, 자신이 목회하면서 느끼고 체험하는 문제의식들을 책을 쓰면서 해답을 찾아가는 과정으로 책을 쓴 경우이다.

이중표, 김남준, 강준민, 하용조, 이동원, 옥한흠, 김진홍 목사 등이 그런 유형이다. 그들은 목회하면서 생각했던 문제들을 책으로 출간하면서 많은 공감과 영향력을 끼친 목회자들이다. 이중표 목사는 『별세목회』라는 책을 쓰고 매년 전국의 목회자와 사모를 대상으로 '별세목회' 특별 세미나를 개최하였다. 옥한흠 목사는 『평신도를 깨운다』라는 책을 쓰고, 계속해서 목회자들이 평신도를 제자화할 수 있도록 그 책을 가지고 세미나를 인도하였다. 김진홍 목사는 빈민 목회를 하면서 특별히 깨달은 점들을 두레출판을 통해서 꾸준히 출간하고 있다.

두 번째는, 목회자이면서 전문 영역에서 책을 쓴 사람들이다. 정태기 박사는 상담 쪽에 전문 서적을 많이 남겼고, 정태기 박사가 인도하는 치유상담 책은 수많은 목회자를 치유하는 역할을 하였다. 송길원 목사는 꾸준히 책과 세미나를 통해서 가정의 중요성을 일깨워 주었다.

세 번째는, 목회하면서 강단에서 외쳤던 생명의 말씀인 설교를 설교집으로 출간한 분들이다. 대표적인 분으로 곽선희 목사를 꼽을 수 있겠다. 곽선희 목사는 강단에서 선포되었던 설교를 시리즈로 출간하여 많은 목회자에게 유익을 주었다. 이중표 목사 역시 강단에서 선포한 설교를 시리즈로 출간하여 수많은 한국교회 목회자들에게 영향을 끼쳤다. 내가 대학생 시절부터 출석하던 모 교회인 서울 영락교회 한경직 목사와 박조준 목사 역시 설교를 시리즈 설교집으로 출간하였다.

네 번째는, 은퇴하면서 후배 목회자와 교회를 위해서 책을 남긴 분들이다.

김경원 목사는 『목회자가 꼭 알아야 할 9가지』를 썼다. 서울 서현교회를 30년 이상 목회하고 은퇴하면서 쓴 이 책은 정말 후배 목회자들이 꼭 읽어 봐야 할 책이다. '정체성, 갈등, 위기, 탈진, 자기 관리, 직분자 세우기, 헬퍼 찾기, 양심 목회, 후임자 승계' 등의 중요한 이슈들을 알기 쉽게 기록한 좋은 책이다.

강원도 동해장로교회를 29년 목회하고 2025년 12월에 은퇴한 임인채 목사는 『유종지미의 목회자 임인채』에 목회 여정 40여 년과 은퇴 후의 꿈과 비전, 그리고 한국 교회와 목회자들을 위한 7가지 제언을 썼다.

2002년에 발간된 대한예수교장로회 통합 은퇴목회자들의 글을 모은 『영혼의 글』을 선물 받았다. 은퇴 목사 66인의 신앙 간증과 목회 체험이 담겨있는 귀한 책이었다. 많은 분의 글을 모아 놓아서 분량은 적지만, 은퇴목회자들의 목회 체험과 신앙, 그리고 삶을 한 권의 책으로 출간한 것만 가지고도 의미가 깊다고 할 수 있다. 앞으로 은퇴하는 목회자가 각자의 체험을 바탕으로 단행본을 쓸 수 있도록 돕는 것이 이 책을 쓰는 목적이기도 하다.

다섯 번째, 신앙의 유산을 계승해갈 수 있는 책을 쓰는 목회자이다.

내가 매주 목요일 오후 4시에 〈박성배 목사의 히즈북(HIS BOOK)〉 프로그램으로 참여하였던 서울극동방송 뷰티플라디오에 2015년 11월 19일에 방송된 임병진 목사의 경우, 목회하면서 책을 쓰는 작가이다. 그의 천국의 섬, 남도 영성순례 가이드로 『문준경에게 인생의 길을 묻다』를 내용으로 인터뷰하는 내용을 듣고 큰 감동을 받았다. 그러면서 영성이 있는 목회자인 임병진 목사처럼 신앙의 유산을 책으로 출간하는 게 중요하다는 사실을 깨닫는다. 책 출간 이후, 증도에 순례객들이 많이 늘었다고 한다. 그리고 2016년 1월부터 문준경 전도사를 만나러 증도에 가는 순례일정을 시작했다고 한다. 지금은 증도로 가서 사역을 하고 있다. 책 출간은 그만큼 소중하다.

담임 목회자는 책을 남겼으면 좋겠다. 목회를 잘했든 못했든 그것은 나중에 주님 앞에 가면 주님이 판단하실 문제이고, 목회자는 자신의 독특한 성품과 삶으로 자신이 일구어온 목회 현장과 인생 이야기를 책으로 남겼으면 한다. 이제 100세 시대이다. 목회자들이

70세에 은퇴를 하여도 청춘인 시대이다. 그러므로 망설이지 말고 목회활동에 관한 책을 써야 한다.

우리는 좋은 책을 남겨준 담임 목회자들로부터 목회를 배워가고 있다. 차동엽 신부는 『무지개 원리』를 비롯한 좋은 책과 강의로 멘토의 역할을 하고 있듯이, 많은 목회자가 책을 써서, 후배 목회자들이 성공적인 목회활동을 할 수 있도록 도우면 좋겠다.

해외에서 선교하는 선교사들도 책을 통해서 멘토 역할을 할 수 있다.

내가 17명의 동료 선교사와 함께 선교사 파송 예배를 드릴 때, 설교를 해주신 목사님은 나성영락교회 김계용 목사이셨다. 사도행전 1:8절을 본문으로 '선교의 증인'이라는 제목으로 설교를 해주셨다. 그런데 영국과 헝가리에서의 3년간의 오엠 선교 사역을 마치고 귀국하였는데, 선교회 총무 목사께서 책 한 권을 사인해서 주셨다. 그 책의 주인공은 3년 전 파송 예배에서 설교를 해주신 김계용 목사이셨다. 그 후에 목사님이 안 보이셔서 어찌 된 영문인지 물어봤더니, 남하하여 평생 혼자 사시다가 북한을 방문했는데, 그 후에 소식이 없다는 것이다. 김계용 목사께서 남겨주고 간 책 한 권은 『선교를 몸으로 보여주고 가신 희생적인 지도자의 모습』이었다.

김계용 목사뿐만 아니라 오엠 선교 현장에 나가서 많은 지도자를 만났다.

우선 오엠의 설립자인 조지 버워(George Verwer)는 '책으로 미션을 감당하는 지도자'로서 유명하다. 그는 스스로 몇 권의 책을 출간했을 뿐만 아니라, 오엠의 중요 집회에서 말씀을 전할 때면 어김없이 책을 소개하였다. 오엠선교회에서 핵심 가치로 가장 중요시 하는 것 중의 하나가 문서사역이다. 나는 2014년 오엠 출신 선교사들의 선교 이야기를 한 권의 책으로 기획하여 출간하였다. 바로『아름다운 발걸음』(2014)으로 흩어져 있던 이야기들을 묶어 한 권의 책으로 출간하니, 자연스럽게 오엠 출신 선교사들과 교제가 이루어져 책으로 미션을 하는 것이 효과적임을 다시 한 번 느꼈다.

2000년에는 안식년으로 스위스 로잔에서 여러 명의 한국인 목회자와 여러 나라에서 온 형제자매들과 함께 제자훈련과정(CDTS)에 참여하였다. 그 6개월 동안의 과정을 통해서 또 배우고 깨달은 점은 국제 예수단 설립자 로렌 커닝햄(Rolen Chuningham)의 책에 대한 열정이었다. 로렌 커닝햄은 여러 권의 책을 썼다.『네 발의 신을 벗으라』,『벼랑 끝에 서는 용기』,『세상을 바꾼 한 권의 책』등이다. 로렌 커닝햄은 책으로 선교하는 것일 뿐만 아니라 책이 로렌의 사역을 든든하게 지탱해 주는 것을 보았다. 한국 대학생선교회의 대표인 김준곤 목사도『예수 칼럼』을 통해서 미션을 감당하셨다.

이렇듯 책으로 미션을 담당하고 있는 지도자들을 많이 만났다. 공산권에서 비밀리에 복음을 전했던 브라더 앤드루(Brother

Andrew)는 소련과 북한 땅에 책을 통해서 효과적으로 문서선교 사역을 감당했다. 복음을 철의 장막이었던 동구권과 소련에 전달했던 브라더 앤드루의 책을 통한 미션은 강력한 영향을 주는 것이었다. O.M.F의 설립자인 허드슨 테일러도 많은 책을 남겼지만, O.M.F의 책임자였던 오스왈드 스미스도 책으로 하는 선교 미션의 중요성을 깨닫고 40권 이상의 책을 집필하였다.

빌리 그래함 목사의 경우, 전 세계를 다니며 복음을 전했기 때문에 가장 많은 영혼들에게 복음을 전했던 지도자일 것이다. 그뿐만 아니라 책을 많이 남겼다는 것도 빌리 그래함에게 감사하다. 빌리 그래함은 복음 설교로 영향을 끼친 위대한 지도자였을 뿐만 아니라, 책으로 미션의 사명을 감당한 지도자였다.

우리나라에서는 목회자로만 알고 있지만, 외국에서는 선교부흥사처럼 인식되는 조용기 목사도 많은 책을 써서 책으로 선교적 사명을 감당했다. 내가 영국 래스터에서 선교사로 사역할 때, 가끔 가던 기독서점에는 조용기 목사의 영문판 책들이 베스트셀러를 장식하곤 했다. 특히 기도에 관한 책인, 『Prayer, Key to Revival』은 영국인들에게 엄청난 영향력을 끼치고 있었다.

책은 미션을 담당하는 최고의 도구이다. 나는 최근에 목회자와 선교사들의 책을 여러 권 코칭하고 있다. 길자연 목사의 『목회보감』, 러시아 정균오 선교사의 『미션콘비벤츠』, 30년 인도네시아에서 헌신한 김종련 선교사의 『인도네시아 선교 이야기』, 이종선 목사의 『기도가 만든 어메이징 스토리』, 임준식 목사의 『속량의 은혜를 받고』, 이형우 목사의 『나는 행복한 바보 목사입니다』, 원광기 원로목사의 『비와 바람의 대화』 등을 코칭하면서 큰 보람을 느끼고 있다. 목회자와 선교사의 책을 코칭하면서 그들의 인생과 사역이 최고로 브랜딩되는 보람을 느끼고 있다. 이분들의 책이 출간되면 분명 그들의 인생이 달라질 것이다. "한 권의 책을 쓰는 것은 인생을 브랜딩하는 최고의 방법"이기 때문이다.

청춘의 희망을
만들어가는 책쓰기

'방황하고 사색하고, 아프니까 사랑이다'라는 표현은 젊은이들의 상황을 잘 묘사한 헤르만 헤세의 책 『청춘이란 무엇인가』에 나오는 표현이다. 헤세는 책의 서문에서 자신의 청춘기 방황을 자세하게 묘사하고 있다. 1946년 『유리알 유희』로 노벨 문학상을 받은 헤세의 일생은 방황과 추구의 일생이었다. 그 일부분을 소개하면 다음과 같다.

스무 살에 이르기까지 나는 내 눈에 띈 모든 문학 서적들을 반 이상 읽었으며, 철학과 예술사와 언어학 등에도 끈질기게 집념을 보이면서 수많은 습작을 하였다. 그리고 마침내 자신의 힘으로 자신의 생활을 꾸려가기 위해 서점의 점원으로 취직했다.
책과 더불어 산다는 것은 다른 어떤 것보다도 확실히 나에게 알맞은 직업이었다. 나는 책 속에 묻혀서 새로 나온 것들에만 집착하여 읽었는데, 점차 오래된 책과의 관계를 통해 더욱더 정신적인 위안을 받으며 지혜를 터득해 갈 수 있다는 사실을 알게 되었다.

 스물여섯 살 때, 최초로 문학상이라는 것을 수상하면서 나는 그동안 호구지책으로서의 책과의 씨름을 그만두기로 하였다. 이제 나는 시인으로서 세상에 존재하게 되었고, 그와 동시에 삶과의 지루하고 쓰디쓴 생존의 싸움을 그만두게 되었다. 그리고 드디어 모든 고통의 기억들을 잠시 잊을 수가 있었다.

 이때까지 나에게 실망하고 있었던 가족과 친지들도 다시 미소를 지어 주었다. 비로소 나는 위안과 승리를 누리게 되었다. 이제는 어떠한 일을 하더라도 나 자신이 너그러운 심정이 되었고, 세상 사람들도 그것을 가치 있는 것으로 생각하게 되었다. 그동안 얼마나 무서운 고독과 금욕과 위험 속에서 살아온 것인가를 나는 절감하고 있었다.

 이렇듯 안정과 찬사의 미풍이 불어오면서 차츰 나는 만족스러운 인간으로 변모되어 가고 있었다. 그 후 나는 여러 권의 책을 썼다. 그 덕택에 나는 아내와 아이들과 아름다운 정원이 있는 집을 가지게 되었다.

 - 헤르만 헤세, 『청춘이란 무엇인가』 서문 중에서

 동서고금을 막론하고 모든 청춘이 겪는 아픔과 시련은 인생의 한 과정이 아닐까 싶다. 이 글을 쓰고 있는 나 역시 질풍노도와 같은 방황하는 사춘기 시절을 보냈다. 열여섯 살에 처음 서울에 유학 와서 늘 외로웠고, 학교라는 틀 안에서 공부하는 것과 삶의 현장

속에서 많은 정신적 방황을 겪어야 했다. 그러던 나에게 참 다행스러웠던 사실은 대학에 입학하면서 고등학교 친구들과 함께 서울 종로 2가에 있는 '종로서적'에서 책을 사서 읽고 토론하기 시작했던 일이다. 내 나이 20세에 종로서적에서 처음으로 샀던 책이 김형석 교수의 『고독이라는 병』이었다. 그 책이 오늘날 내가 이렇게 에세이를 쓰는 작가가 되는데 씨앗이 되지 않았나 싶다.

대한민국의 청춘들도 과거 세대의 청춘들 못지않게 고달프고 힘겨운 시간을 보내고 있다. 그래서 10년 년 전 김난도 교수의 『아프니까 청춘이다』 이후 청춘을 위로하는 많은 책들이 젊은이들에게 공감을 얻고 있다. 아무튼, 어느 시대이든 청춘들은 날마다 생존하고 살아간다는 것이 힘겹다. 유상일은 『청춘 스펙 열전』(서가나라)에서 스펙 쌓기에 몰두해 있는 이 시대의 청춘들에게 '새로운 눈으로 미래를 열라'고 말하고 있다. 실제로 유상일은 책을 출간한 이후에 '스펙 업'이라는 대학생 커뮤니티를 공유하면서 방송, 강의 등으로 새로운 길을 열어가고 있다. 청춘들이 고민하는 분야를 책으로 써서 새로운 길을 열어가는 사례이다.

독서 멘토인 최보기는 『놓치기 아까운 젊은 날의 책들』에서 '젊은 날의 독서가 인생을 좌우한다'고 주장하며 '질풍노도의 청춘, 책에 모든 답이 있다'라고 말한다.

김명호가 쓴 『중국인 이야기 2』(한길사, 2013) 121페이지에는 중국의 지도자 쑨원의 책 사랑에 대한 부분이 나온다. 혁명과 여자와 책을 사랑한 쑨원, 그는 간암으로 세상을 떠나기 직전에도 통증을 참으며 손에서 책을 놓지 않았다. 해외 망명 시절에도 짐보따리 속에는 책이 가장 많았다. 비 오는 날 우산은 챙기지 않아도 책은 놓고 나가는 법이 없었다. 전쟁터에서 작전을 지휘할 때도 한 손에 신간 서적이 들려 있었다. 처음 만나는 사람에겐 요즘 무슨 책을 보느냐고 물었다. "사람을 치료하는 의사로 평생을 지내느니 나라의 환부를 도려내는 의사가 되겠다"고 선언하며 병원 문을 닫고 혁명의 길로 들어선 젊은 의사 쑨원은 "정신을 똑바로 차리고 상황을 제대로 파악하는 길은 독서밖에 없다. 몇 끼 굶는 것은 별것 아니지만, 책이 없으면 불안하다. 내게는 독서가 밥보다 더 중요하다"라고 했다.

이 글을 쓰면서 청춘들에게 권한다. 자신이 고민하는 주제를 책으로 써보라! 나는 10대와 20대, 그리고 30대의 시절에 누군가로부터 책을 쓰라는 말을 들어보지 못했다. 그때 누군가가 책쓰기를 알려 줬다면 내 인생은 좀 더 일찍 글을 쓰는 사람으로 자리를 잡지 않았을까 싶다. '쓰면 이루어진다'를 외치는 헨리에트 앤 크라우저 박사의 말대로, 청춘의 때에 미래 희망을 책으로 쓴다면 그 희망을 앞당겨서 이루지 않을까 싶다.

"65세부터 95세까지가
내 인생의 전성기"

　경영학의 아버지라 불린 피터 드러커(Peter Drucker)는 실제로 매년 새로운 주제를 정해 연구하면서 새로운 책을 출간했다고 한다. 그래서 65세부터 95세까지 인생의 후반전을 멋진 2막의 인생으로 만들었다. 피터 드러커의 명작들은 인생의 후반전인 60세 이후에 지어진 책들이다. 나이가 55세에서 60세에 이르러 은퇴하고 무엇을 해야 할지 몰라서 인생을 무료하게 지내는 사람들은 깊이 새겨 봐야 할 이야기이다.

　100세 시대의 모델이 되는 피터 드러커의 일생을 보면, 10대의 시절과 30대 시절의 중요한 만남과 결심이 그의 생애를 위대하게 만들었음을 알 수 있다. 피터 드러커는 10대 시절 오스트리아 빈에서 베르디의 마지막 오페라 〈폴스타프(Falstaff)〉를 관람한다. 그리고 그 오페라를 만든 베르디와의 만남과 대화를 통해서 일생의 나아갈 길을 정하게 된다. 피터 드러커는 활기차고 아름다운 곡을 작곡한 베르디의 나이가 80대였다는 데 놀란다. 그리고 더욱 놀란 점은 그가 한 이 말이었다.

"나는 항상 새로운 작품을 쓸 때마다, 완벽에의 충동을 가지고 최선을 다합니다."

베르디의 말을 듣고 피터 드러커는 다짐하게 된다.

'나도 내 평생에 걸쳐서 완벽을 추구하는 도전으로 인생을 살아가리라.'

그리고 두 번째 인생의 결단은 그의 책 『프로페셔널의 조건』에서 고백한 대로, 런던에서 촉망받는 은행원으로 있다가 자신의 가치관에 따른 삶을 살기 위해 은행을 그만두고 경영학을 공부하겠다는 결심이다. 은행에 그냥 있으면 안정된 소득과 보장된 미래가 있는데도 그것을 포기하고 인간 경영 연구에 나선 용기와 결단이 그를 현대 경영학의 아버지로 만들었다.

피터 드러커는 대학 강사, 신문기자, 은행원 등에 종사하며 얻은 통찰력과 예리한 분석력으로 36세가 되던 1945년에 『새로운 사회』라는 책을 발표하여 자신을 세상에 알렸다. 그리고 60세가 된 1969년에는 『단절의 시대』를 발표해 세계의 이목을 끌었다.

그 후 2005년에 95세로 타계할 때까지 무려 60년 동안 세상의 중심에 서서 사람들을 안내하였다. 책과 강의를 통해 아직 산업사회의 때를 벗지 못한 20세기 세상을 '지식사회'라는 새로운 세상으로 인도한 것이다. 그가 내딛는 한 걸음, 한 걸음이 시대의 길이 되었고, 그가 남긴 한 땀 한 땀의 글은 시대의 양식이 되었다.

피터 드러커는 50세 이후 50년 가까운 인생을 황금시간으로 보냈다. 그는 날마다 글을 쓰며, 강의하며, 가고 싶은 곳에 가서 만나고 싶은 사람을 만나고, 먹고 싶은 것을 먹으며, 하고 싶은 이야기를 하면서 살았다. 인생에서 50세 이후의 50년은 골든타임(Golden Time)이다. 피터 드러커의 인생 이력서를 보면, 그가 얼마나 완벽에의 충동을 가지고 95년의 인생을 열정적으로 살았는지를 알 수 있다.

책쓰기로 일구는
진정한 인생 2막

평범한 교사로 있다가 은퇴한 이디스 해밀턴(Edith Hamilton)은 63세가 된 1930년 어느 날, 『고대 그리스인의 생각과 힘』이란 작품을 발표한다. 그때부터 그녀의 인생의 화려한 2막이 시작되었다. 그녀는 이렇게 고백하였다.

"우리의 과거는 그저 서막에 불과할 뿐이다."

평범한 사람에게 환갑이라는 나이는 인생의 뒤안길에 서서 여생을 정리할 시기이다. 60세를 넘긴 나이에 자신이 살아온 과거는 그저 인생의 서막에 불과할 뿐이라고 외칠 수 있었던 용기는 정말 대단하다. 정년 퇴임으로 교장직에서 물러난 직후부터 쓰기 시작했던 한 권의 책이 그녀의 인생을 바꿔 놓을 줄은 아마 그녀 자신도 몰랐을 것이다. 평범한 사람에겐 환갑이란 몸도 마음도 예전 같지 않고 뭔가 새로운 일을 시작하기에는 왠지 의욕도 잘 생기지 않는 나이다. 그래서 미래보다는 과거의 추억 속에 빠져 자신을 그 과거 속에 가두며 살아가는 것이 보통이다. 그러나 이디스 해밀턴은 '과거는 그저 인생의 서막에 불과하다'고 용기 있게 외쳤다. 인생의 본막이 아직 시작되지 않았다고 외쳤다.

40년 동안 다녔던 평생직장을 은퇴한 순간부터 이디스 해밀턴은 곧바로 자신의 두 번째 인생을 향한 도전을 시작했다.

그녀는 오래전부터 그리스 신화를 해석하고 싶은 꿈이 있었다. 언제나 좋아하는 일에 열중했던 사람들의 땀과 눈물은 배신하지 않는다. 어릴 적부터 좋아했던 그리스 신화 속 세계를 정신적으로 여행하던 그녀에게 은퇴는 단지 하나의 통과의례였을 뿐이다. 은퇴 후 그녀는 그리스 신화를 담담하게 자신의 색깔로 재창조하면서 쓰기 시작했다. 오래된 고전 속에서 왜 오늘을 사는 우리가 배워야 할 지혜가 숨어 있는지 찾아내려고 하였다. 그래서 그녀는 은퇴 이후 인생 2막으로 다가온 성공에 겸손할 수 있었고, 더욱 진실한 마음으로 다가갈 수 있었다.

7살의 어린 딸에게 그리스어를 손수 가르친 아버지를 둔 덕분에 그녀는 일찍부터 지성의 세계에 한 걸음 가까이 다가갈 수 있었다. 그녀의 아버지는 돈 버는 능력보다 더 중요한 세계가 있음을 가르쳐 주었다. 그것은 훗날 그녀 스스로 지성의 불꽃을 지필 수 있도록 도움을 주었다.

어릴 적부터 지독한 독서광이었던 그녀는 내성적이며 부끄럼을 잘 타는 소녀였다. 이런 성격에 가장 큰 영향을 미친 것은 그녀의 아버지 몽고메리 해밀턴이었다. 집단적인 학교 교육보다 가정 교육을 중요시한 아버지는 그녀가 일곱 살 된 해부터 본격적으로 수업에 관여하였다. 덕분에 그녀는 라틴어와 그리스, 독일어, 프랑스어를 어린 나이에 공부할 수 있었고, 그리스 신화와 고전들을 어릴 적부터 탐독했다.

책더미 속에서 파묻혀 지낸 유년기를 거쳐, 언니와 함께 독일로 유학을 떠나 라이프치히와 뮌헨대학에서 문학과 고전, 역사를 공부했다. 이때가 1850년대이다. 그녀는 미국에서 경험할 수 없었던 새로운 사상과 지적 자극들을 받아들인다. 그리고 유럽의 학문적 분위기 속에서 그녀는 고대 그리스의 철학과 문학을 본격적으로 접하기 시작했다. 특히 아이스킬로스(Aeschylos) 등의 그리스 비극 작가들의 작품들은 그녀가 살아가야 하는 이유를 발견하는 계기가 되었다. 그것은 고통 속에서 지혜를 얻어낸 고대 그리스 비극 작가들의 세계관과의 만남을 의미했다. 이것은 이후 평생 그녀의 삶을 지배하는 철학이 되었다.

시간은 흘러 어느덧 그녀가 정년퇴직을 앞둔 나이가 되었다. 40년간 몸담은 교직에서 물러나게 되자 그녀는 기다렸다는 듯이 한 권의 책을 쓰기로 마음먹는다. 그것은 그녀가 어릴 적부터 즐겨 읽었던 고대 그리스의 신화와 비극 작품들을 사람들이 알기 쉽게 이해할 수 있도록 정리한 책이었다. 그녀는 1930년대 산업화와 물질주의가 팽배해가는 시대에 가치관을 잃고 방황하는 사람들에게 인생의 의미를 일깨워 주고 싶었다. 자신이 탐구한 고대 그리스의 비극을 통해서 그녀는 지혜를 얻었고, 이제는 그것을 돌려줄 때라고 생각한 것이다.

그런 순수한 마음으로 쓴 책이 바로『고대 그리스인의 생각과 힘』이란 작품이다. 이 책 한 권은 그녀를 한순간에 유명한 작가의 반열에 오르게 하였다. 이 책 한 권으로 그녀는 세상에 이름을 날리고, 유명해지기 시작했다. 이 작품이 세상에 나오자 사람들은 깜짝 놀랐다. 그녀의 상상력을 동원해서 쓴『고대 그리스인의 생각과 힘』은 삶을 살아가는 사람들에게 지혜를 일깨워 주었기 때문이다. 이디스 해밀턴이 쓴 책의 정수는 한마디로 '고난을 통해 지혜를 얻는다'였다.

그녀는 63세에 이 책을 출간하면서 새로운 인생의 막을 열게 되었다. 이디스 해밀턴은 이 책의 출간으로 유명인사가 되었을 뿐만 아니라, 백악관에 들어가 강의하는 단골 강사가 되었다. 그 후 그녀는 95세까지 살면서 자신이 쓴 책으로 그리스인의 지혜를 세상과 나누며 소통하는 행복한 인생을 살았다.

내 인생이 영원히
남는 책쓰기

위대한 사람들은 모두 절망을 희망으로 바꾼 사람들이다. 역경을 극복하고 인생 경주에서 승리한 사람들 모두 똑같다. 그들은 모두 절망을 희망으로 바꾼 위대한 사람들이다. 그들은 또 고난과 역경을 극복한 이야기를 책으로 출간하였다. 스티브 잡스, 코코 샤넬, 오프라 윈프리, 마쓰시타 고노케, 닉 부이치치, 링컨, 처칠, 만델라, 조앤 롤링, 메리 케이 애쉬, 하워드 쉴츠, 세르반테스, 커넬 샌더스, 칭기즈칸, 레이크룩 등등, 이들은 모두 인생의 극심한 고난을 겪은 사람들이다. 그들은 포기하지 않았고, 고난의 자리에서 일어났다. 그리고 하늘이 자신에게 준 재능을 발견하고, 갈고 닦아서 인류 역사에 희망의 발자취를 남겼다.

내가 가장 힘들었을 때, 조앤 롤링이 고난을 극복한 이야기가 내게 큰 도전과 용기를 가져다주었다. 조앤 롤링은 20대에 7년 동안 극심한 가난, 고독과 싸우면서 『해리포터』 시리즈를 완성했다. 그 결과, 그녀는 인생의 밑바닥을 딛고 비상할 수 있었다. 해리포터의 브랜드 가치는 150억 달러, 경제적 파급 효과는 308억 달러에 이르는 것으로 추정된다. 절망적인 상황에서 글을 쓰기로 한 조앤 롤링의 결단은 결국 모든 역경을 딛고 써낸 『해리포터』의 출간으로 벽을 문으로 만드는 기적을 만들어냈다.

20대의 조앤 롤링은 아무런 불빛도 보이지 않는 컴컴한 터널 속을 걸어가고 있었다. 하지만 그녀는 희망을 잃지 않았다. 롤링은 자신의 내면에서 더 나은 미래를 상상하며 희망을 키워나갔다. 그리고 마침내 터널을 빠져나와 성공의 무대에 올랐다. 롤링의 말처럼 마법은 필요하지 않다. 미래를 바꾸는 힘은 이미 우리 내면에 존재한다. 희망을 외쳐라. 글을 써라. 성공의 문이 활짝 열릴 것이다.

한 권의 책을 쓰는 것은 자신의 인생을 브랜딩하는 최고의 방법이다. 단행본을 써서 인생을 브랜딩한 사람들도 많다.

다산 정약용은 강진 유배의 18년 동안 책을 보고 글을 썼다. 그가 칠흑같이 어두운 밤에 쓴 『목민심서』를 비롯한 520여 권의 저서는 우리 민족의 정신적 자산이 되었다. 잘나가는 미모의 기자였던 마가렛 미첼은 소설 『바람과 함께 사라지다』의 출간으로 문학사에 길이 이름을 남겼다.

인류에게 빛을 안겨준 불후의 명작들은 대부분 고난의 때에 쓰였는데, 『돈키호테』는 세르반테스가 53세 때 곰팡내 나는 감옥에서 쓴 책이다. 세계 최고의 자기계발 작가로 알려진 새뮤얼 스마일즈는 『자조론』에서 셰익스피어(William Shakespeare, 1564. 4. 26-1616. 4. 23)를 가리켜 인생의 모든 고난을 다 겪고, 깊이 있는 글을 쓴 대작가로 표현하고 있다. 셰익스피어야말로 37편의 희곡을 써서 불멸의 작가가 되었다. 내가 셰익스피어의 고향인 스트라스포드를 방문했을 때, 부러웠던 점은 셰익스피어 한 사람이 아직도 영국을 먹여 살리고 있다는 점이었다. 스트라트포드시 전체가 셰익스피어의 도시였다. 과연 인도와 바꾸지 않겠다고 말한 대로 37편의 글을 써서 남긴 셰익스피어의 위력은 대단하였다.

　작은 시골 도시인 스트라드포드 전체가 셰익스피어였다. 그리고, 연중무휴, 사시사철 전 세계에서 셰익스피어의 발자취를 보려고 관광객들이 북적대고 있었다. 셰익스피어는 인간이 겪을 수 있는 모든 고난을 겪으면서, 그 밑바닥의 체험을 희곡 37편으로 썼다. 그 셰익스피어가 글을 쓰는데 가장 영향을 준 책은 인류 최고의 책인 성경이었다. 셰익스피어는 인생의 모든 밑바닥의 고난을 녹여서, 성경의 언어로 불후의 명작을 남겼다. 30대 초반에 영국인 친구 마이크(Mike Burrow)와 함께 방문하여 큰 감동을 받았던 셰익스피어의 고향인 스트라드포드 어폰 에이번(Stratford Upon-Avon)을 다시 방문하여 그의 발자취를 깊이 따라가 보고 싶다. 『셰익스피어의 글쓰기』라는 책을 쓰고 싶다.

그리고, 셰익스피어처럼 오래도록 기억되는 명작(名作)을 남기고 싶다. 영국의 사상가 칼라일은 "셰익스피어와 인도를 바꾸지 않겠다"라고 까지 하였다. 셰익스피어와 동시대 극작가였던 벤 존슨(Ben Jonson)은 "당대뿐 아니라 만세(萬世)를 통해 통용되는 작가"라고 했다. 그만큼 불후의 명작 37권을 써서 남긴 셰익스피어의 한 사람의 영향력이 대단하다는 것일 것이다. 글을 써서 남긴다는 것은 그만큼 중요한 일이다. 작가는 죽어도 그가 쓴 글을 영원히 남는다. 그래서 좋은 글을 남긴 작가는 불멸의 작가로 인류의 역사와 함께 영원히 사는 것이다.

나의 대학 시절 은사인 김유송 교수님은 수업 시간에 괴테 이야기를 자주 들려주었다. 괴테는 독일을 대표하는 세계적인 작가이다. 괴테는 젊은 시절에 겪은 아픈 사랑의 체험을 한 권의 책으로 기록했다. 바로 『젊은 베르테르의 슬픔』이다. 이 책이 출간되면서 괴테의 명성은 높아졌고, 괴테는 평생 글 쓰는 작가로 살게 되었다. 존 번연의 경우도 감옥에 있으면서 불후의 명작 『천로역정』을 남겼다. 단테는 정치적으로 망명자가 되어 쫓겨 다니면서도 『신곡』을 썼다. 나도 내 인생의 스토리를 책으로 쓴다면 멋진 작품이 될 것이다. 기록하는 자가 영원히 남는다.

책쓰기 팁

책쓰기 토대가 되는 독서 메모 노트

나는 지난 17년간 집중 독서를 하면서 대학 노트 30권 분량의 메모를 하였다. 그것이 지금 책을 쓰는 데 토대가 되고 있다.

역사상 위대한 업적을 남긴 천재들의 한 가지 비밀을 꼽자면, 그것은 바로 노트라고 한다. 레오나르도 다빈치는 메모광이었고, 만유인력의 법칙을 발견한 뉴턴도 노트광이었다고 한다. 아인슈타인은 죽는 순간까지 노트에 메모했고, 고흐는 1,000점의 그림과 편지를 남겼다고 한다. 러시아의 대문호 도스토옙스키는 베개보다 두꺼운 소설들을 써냈는데, 그의 비결 역시 노트에 있었다.

패러데이 법칙을 발견하고 오늘날 우리가 편리하게 기차를 타고 다니도록 하게 해준 영국의 과학자 마이클 패러데이 역시 노트광이었다고 한다. 그가 21세일 때의 어느 날, 패러데이가 일하던 제본소에 들른 험프리 데이비드 교수는 학벌도 없던 그에게 자신의 강의를 들을 수 있는 초대장을 주고 갔다. 패러데이는 그 초대장을 들고 강의실 앞에 앉아서 험프리 데이비드 교수의 모든 강의를 메모하여 제본했고 자신을 조수로 써달라고 험프리 교수에게 편지를 썼다. 험프리 교수의 조교가 된 패러데이는 그때부터 모든 강의를 기록하고 열심히 연구하여 결국 험프리 교수를 뛰어넘어 패러데이 법칙을 발견하는 위대한 업적을 이루었다. 패러데이가 패러데이 법칙을 발견할 당시의 노트를 보면 4,000페이지에 달한다고 한다. 학교를 나오지 못한 패러데이가 기억 상실증을 극복하여 대과학자가 될 수 있었던 건 그만의 비밀병기인 노트 덕분이었다.

전기를 발명하여 인류 문명에 빛을 안겨다 준 발명왕 에디슨의 힘도 노트와 메모에 있었다. 에디슨은 소년 시절부터 말년에 이르기까지 매일 일기를 썼다고 하며, 5,000페이지에 달하는 많은 양의 메모와 일기를 남겼다고 한다. 에디슨의 유명한 말 "천재란 1%의 영감과 99%의 노력의 산물"에서 노력은, 99%의 독서와 메모를 뜻한다.

3부

박성배 작가의 북플라잉

브랜딩론

100권의 책을 만들고
5-1,000(5,000)미션을 시작하다

나는 2009년부터 책 읽기와 쓰기에 미쳤다. 그래서 17년간 100권의 책을 만들고 5-1,000(5,000) 미션을 시작하게 되었다. 책에 미치지 않고는 할 수 없는 일이다. 물론 5,000권의 책을 만들려면 혼자서는 불가능하다. 코칭을 하면서 양성된 전문작가와 함께하면 가능한 일이다. 5,000 미션의 5가지 영역은 개인 자서전, 선교사 자서전, 선교지 역사, 목회자 자서전, 교회 역사이다. 미션을 제대로 수행하려면 책쓰기가 주는 유익에 대해서 명확히 알아야 한다.

책쓰기가 주는 10가지 유익

왜 책을 쓰는가? 책을 쓰는 것은 인생에 큰 유익을 가져다주기 때문이다. 책쓰기는 개인의 삶에도 많은 유익함을 가져다준다. 세계적인 작가들이 책을 쓰고 얻은 구체적인 유익을 10가지로 정리해 보겠다.

1. 자기 인식의 깊이

책을 쓰면서 자신의 생각과 감정을 깊이 있게 탐구할 수 있다. 마야 안젤루는 자신의 자서전을 통해 자신의 과거와 마주하고 그 경험을 글로 풀어내면서 자신의 정체성을 더 잘 이해하게 되었다.

2. 창의성 발휘

책 쓰기는 창의적인 과정을 통해 새로운 아이디어를 탐구하고 표현할 수 있는 기회를 제공한다. J.K. 롤링은 해리 포터 시리즈를 쓰면서 상상력을 마음껏 발휘하고 창의적인 세계를 구축할 수 있었다.

3. 지식의 공유

책은 지식을 공유하는 훌륭한 수단이다. 말콤 글래드웰은 다양한 사회 현상과 인간 심리를 분석하여 독자들에게 새로운 시각을 제공했다.

4. 자신감 향상

책을 완성하고 출간하는 과정은 자신감을 크게 향상시킬 수 있다. 이는 스티븐 킹이 자신의 책을 출간하면서 얻은 중요한 경험이다.

5. 네트워킹 기회

책은 출판 산업과 관련된 다양한 사람들과의 네트워킹 기회를 제공한다. 이를 통해 새로운 협업과 기회를 얻을 수 있다. 조이스 캐롤 오츠(Joyce Carol Oates)는 자신의 책을 통해 다양한 작가와 출판인들과 관계를 형성했다. 조이스 캐롤 오츠는 가장 위대한 동시대 작가 중 한 명이다. 100여 권의 책을 출간한 그녀는 책 출간을 네트워킹의 기회로 활용했다.

6. 명성 및 영향력

책은 작가를 유명하게 만들고, 그들의 아이디어와 철학을 더 넓은 대중에게 전달할 기회를 제공한다. 마이클 샌델은 그의 책 『정의란 무엇인가』를 통해 철학에 대한 대중의 관심을 끌었다.

7. 경제적 이익

성공적인 책은 상당한 경제적 이익을 가져올 수 있다. 존 그리샴은 그의 법률 스릴러 소설을 통해 상당한 수익을 올렸다. 책을 써서 큰 경제적 이익을 얻고 부자가 된 작가와 그들의 작품은 다음과 같다. J.K. 롤링의 『해리 포터』 시리즈는 전 세계적으로 5억 부 이상 판매되어 J.K. 롤링을 세계에서 가장 부유한 작가 중 하나로 만들었다. 존 그리샴의 법률 스릴러 소설들은 수십억 달러의 매출을 올리며 그를 부유한 작가로 만들었다. 스티븐 킹은 공포 소설로 유명하며, 그의 작품들은 영화화되어 큰 성공을 거두며 여러 경제적 이익을 얻었다. 스티븐 킹의 가명인 다니엘 리어리로 발표한 로맨스 소설들도 상당한 수익을 올렸다. 마이클 크라이튼은 쥬라기 공원 및 기타 과학 소설로 유명하며, 그의 작품들은 영화화되어 큰 성공을 거두었다. 니콜라스 스파크스의 로맨스 소설들도 영화화되어 큰 인기를 끌며 그를 부유한 작가로 만들었다. 제임스 패터슨은 알렉스 크로스 및 여성 살인 클럽 시리즈 등 여러 시리즈를 통해 지속적으로 성공을 거두며 부자가 된 작가 중 한 명이다. 조지 R.R. 마틴의 얼음과 불의 노래 시리즈는 '게임 오브 스로운즈'라는 텔레비전 드라마로 큰 인기를 끌면서 조지 R.R. 마틴에게 큰 경제적 이익을 주었다. 에이브러햄 베른하임의 다양한 소설들은 수십억 달러의 매출을 올리며 그를 부유한 작가로 만들었다. 아그네스 크리스티의 미스 마플 및 포와로 시리즈는 수십억 달러의 매출을 올리며 그녀를 부유한 작가로 만들었다. 이들 작가들은 그들 작품의 성공과 영화화 등을 통해 큰 경제적 이익을 얻었다.

8. 자기 규율 강화

책 쓰기는 긴 시간에 걸친 자기 규율과 헌신이 필요한 과정이다. 이는 글쓰기 기술을 향상시키고 자기 통제력을 강화하는 데 도움이 된다.

9. 의미 있는 유산

책은 작가가 남긴 의미 있는 유산이 될 수 있다. 이는 자신의 생각과 경험을 후대에 전달할 기회를 제공한다.

10. 세계관 확장

책을 쓰면서 다양한 주제와 관점을 탐구하게 되어, 세계관을 확장할 수 있다. 이는 작가의 시각을 넓히고, 새로운 아이디어를 얻을 기회를 제공한다. 이러한 유익을 통해 책 쓰기는 개인의 삶에 긍정적인 변화를 가져올 수 있다.

나폴레온 힐이 말한 '꿈 쓰기 기술 6가지'는 다음과 같다.

1. 바라는 꿈의 목표를 명확하게 정하라. 예를 들어 책을 쓰고 싶다면 어떠한 주제로 어떻게 책을 쓸 것인지를 명확하게 적어야 한다. '올해 안에 책을 쓰고 싶다'는 식으로 막연하게 목표를 세워서는 안 된다.
2. 꿈을 이루기 위해 '어떤 행동을 할 것인가?'를 결정하라.
3. 꿈을 달성하는 '날짜'를 정하라.
4. 꿈을 성취하기 위한 치밀한 계획을 세우고 설령 아직 준비가 다 되지 않았더라도 상관하지 말고 즉시 행동에 들어가라.
5. 앞의 4가지 원칙을 종이에 상세하게 써라.
6. 종이에 적은 것을 1일 2회, 취침 직전과 아침에 깨어난 즉시, 큰

소리로 읽어라. 이때는 종이에 적힌 것을 당신이 이미 얻었다고 생각해야 한다.

나폴레온 힐이 '꿈 쓰기의 기술'을 말했던 것처럼, 5-1,000(5,000)의 미션 꿈을 써본다.

1. 나는 남은 인생 여정 동안 5-1,000(5,000) 책쓰기 미션을 이룬다.
2. 날마다 글을 쓰고 코칭한다.
3. 책 쓰기 코칭을 받고 책을 출간한 사람들을 브랜딩한다.
4. 5-1,000(5,000) 책쓰기 미션을 SNS 등에 공유한다.

지금까지 17년간 100권의 책을 만든 체험으로 시작하는 5,000 책쓰기 미션은 이루어지리라는 확신으로 시작한다. 5,000 미션의 5가지 영역은 개인 자서전, 선교사 자서전, 선교지 역사, 목회자 자서전, 교회 역사이다.

1. 개인 자서전

벤저민 프랭클린의 자서전처럼, 한 사람이 살다간 진솔한 인생의 기록은 많은 사람들에게 큰 감동과 울림을 줄 수 있다. 나는 개인 서재에 있는 3,000여 권의 책 중 분량이 500~1,000페이지 정도인 개인 자서전, 혹은 평전이 200권 정도 있다. 스티브 잡스, 하워드 슐츠, 빌 게이츠, 워런 버핏, 손정의, 이승만, 서재필, 앤드루 카네기, 헨리 포드 등의 자서전을 통해서 배우는 점이 많다. 그러한 의미에서 개인의 기록인 자서전을 누구나 남겨야 한다.

2. 선교사 자서전

나는 『한국교회 아버지 사무엘 마펫』 평전을 썼다. 이 땅에서 거룩한 미션을 수행한 선교사들의 행적은 반드시 기록으로 남겨져야 한다. 성경의 기록도 기록의 부름을 받고 성령의 영감을 받은 작가들에 의해 쓰였다.

3. 선교지 역사

선교사들은 반드시 선교지의 삶을 책으로 남겨야 한다. 그것은 후대와 하나님의 나라, 그리고 역사를 위해서 해야 하는 일이다. 나는 30대 초반에 영국과 헝가리에서 선교사로 사역했다. 그 기록을 책으로 써서 출간한 것이 『아름다운 발걸음』이었다. 선교지의 역사를 기록해야 하는 이유도 후대를 위해서이다. 또, 자신의 선교 사역을 정리하기 위해서이다.

4. 목회자 자서전

목회자는 누구나 자신의 목회 현장의 내용을 포함한 자신의 인생 여정을 자서전으로 남겨야 한다. 현재 내가 코칭하고 있는 이만동 목사의 자서전이나, 2020년 출간된 『목회여담』(박춘환 지음)도 좋은 목회자 자서전이다.

5. 교회 역사

교회는 이 땅에서 존재하는 가장 중요한 곳이다. 그러기에 교회의 역사는 반드시 기록으로 남겨져야 한다.

인간은 기록된
분량만큼 존재한다

일기를 써서 자신의 삶이 역사가 되게 한 위인들이 많다. 『아미엘의 일기』를 쓴 프랑스의 철학자 앙리 프레데릭 아미엘(Henri-Fredric Amiel)은 18세부터 60세까지 일기를 썼다고 한다. 그는 "일기는 고독한 사람의 정신적 친구이고, 위로의 손길이며, 또한 의사이기도 하다"라고 말할 정도로 일기가 미치는 영향을 극찬했다.

『부활』을 쓴 톨스토이도 19세 때인 1847년부터 생애의 마지막 순간까지 무려 63년 동안 일기를 썼다고 한다. 어릴 적 부모를 모두 잃고 불우하게 자란 그가 위대한 문학가, 사상가로 우뚝 설 수 있었던 것은 바로 일기 쓰기 덕분이었다. 그는 평생 일기를 쓰면서 자신의 내면을 글로 표현하는 훈련을 하였다. 특히 그가 죽기 전, 마지막 순례를 목적으로 기록한 3개월간의 일기는 『톨스토이의 비밀일기』라는 제목으로 국내에서도 출간되었다.

우리 역사에도 일기 쓰기의 거장이 있다. 이순신 장군의 『난중일기』는 역사서로서의 가치뿐만 아니라 기록을 통해 한 개인의 삶이 얼마나 체계적으로 관리되었는지를 볼 수 있는 자료이다. 그의 일기는 공적인 일을 기록하는 업무일지이자 사적인 일과 자기 생각, 느낌을 기록한 일기였다.

이순신 장군 외에 또 한 명의 기록의 달인, 다산 정약용이 있다. 유배지에서 서럽고 외로운 밤에 일기를 쓰며 마음을 달랬는데, 그가 쓴 일기는 대문장가답게 한 편 한 편이 그대로 하나의 문학 작품이 되었다.

기록의 힘은 위대하다. 인류 최대의 베스트셀러인 성경은 34명의 저자가 1,600여 년에 걸쳐 기록한 문건들이 합쳐진 것이다. 우리나라에도 특별한 기록들이 많이 남아 있다. 『훈민정음』, 『조선왕조실록』, 『직지심체요절』, 『승정원일기』, 『조선왕조의 궤』, 『고려대 장경판 및 제경판』, 『동의보감』, 『일성록』, 『5·18민주화운동 기록물』, 『새마을운동 기록물』, 『난중일기』 등 11개 기록물은 유네스코가 지정한 세계기록 유산일 정도로 우리나라의 기록은 우수하다. 11건의 등록 건수는 세계 5위에 해당하며, 아시아 1위이다. 조선왕조 시절에 기록이 가능했던 것은 사관들의 집필 정신이었다.

우리에게는 그러한 기록 정신의 피가 흐르고 있다. 기록은 동서

고금을 막론하고 인류 역사를 일궈온 가장 중요한 기제다. 바꾸어 말하면 기록은 곧 역사이다. 모든 인생은 기록하는 만큼 성장하고 완성되어 간다. 육신이 한 줌 흙으로 스며든 먼 훗날에도 나는 기록된 분량만큼 역사에 존재한다. 나를 빛나게 하는 기록여행을 이제부터라도 시작해보자. 21세기는 '적자생존'의 시대이다. 독서와 글쓰기로 당신의 삶을 업그레이드하기 바란다. 그리고 기록으로 역사에 남는 삶을 살아가기 바란다.

책쓰기는 100세 시대 최고의 친구

　인생의 아름다운 스토리가 담겨있는 책, 이런 책을 쓰면 얻어지는 선물이 여러 가지 있다. 책을 출간한다는 것은 세상에 나를 드러내는 최고의 브랜드 효과가 있다. 책은 일단 출간이 되면 온라인과 오프라인에서 검색되고, 유통되기 때문에 브랜드 효과가 크다. 또한, 서점이나 도서관 등과 연계해서 언론 매체의 홍보가 가능하다. 책을 출간했다면, 신문, 방송, 언론에 적극적으로 홍보하는 것이 좋다. 책을 출간하면 전문가로 인정을 받게 된다. 책을 출간하면 인세 수입으로 현금이 들어오는 파이프라인을 구축할 수 있다. 책을 출간하면 자신감과 자존감이 상승한다. 글쓰기 능력도 책을 출간할수록 증가하고, 책을 출간하면서 저자 강연 등을 하게 되어 스피치 능력도 향상된다. 100세 시대를 살아가는 최고의 방법은 책을 쓰는 것이다.

이제는 정말 100세 시대이다. 건강관리를 잘하면 누구나 실제로 100세를 살 수 있는 시대가 열리고 있다. 100세 시대를 살아가는 최고의 지혜는 '내 날개로 인생 2막을 더 화려하게 날아오르는 삶을 살아가는 것'이다. 이미 언급한 이디스 해밀턴의 경우 그녀는 60세에 은퇴하고 3년간 준비해서 쓴 책 『고대 그리스인의 생각과 힘』의 출간과 함께 인생 2막을 화려하게 날아오를 수 있었다. 그녀에게 인생 2막을 화려하게 비상할 수 있었던 도구는 '책 출간'이었다.

빌린 날개로는 하늘을 날 수 없다. 나무에 앉은 새는 나뭇가지가 부러지는 것을 두려워하지 않는다. 그것은 나뭇가지를 믿어서가 아니라 자신의 날개를 믿기 때문이다.

은퇴 이후의 인생 2막을 더 화려하게 비상하기 위해서는 가장 즐겁게 잘할 수 있는 일 한 가지를 선택해서 갈고닦으며, 남은 인생을 기적처럼 살아가야 한다. 그랜마 모제스가 78세에 첫 붓을 들었듯이, 시바타 도요가 90세를 넘어서 시집을 출간했듯이, 나에게 주어진 재능을 갈고닦으며 또 발휘하면서 살아가는 것이다.

그렇게 살아갈 수 있다면 은퇴 이후의 삶은 점점 더 빛나는 삶이 될 것이다. 책쓰기로 더 멋지고 황홀한, 더 자유롭고 행복한, 최고의 인생을 향해서 자신의 날개로 날아오르자. 그러면 어느새 은퇴 이후에 더 가슴 뛰는 인생역에 도착해 있을 것이다.

"내 인생의 전성기는 65세부터 95세까지였다"라고 말한 경영학의 아버지 피터 드러커처럼, 은퇴 이전부터 차근차근 자신이 가장 잘할 수 있는 것을 하나씩 찾아서 그 날개로 날아오른다면, 누구나 은퇴 이후에도 더 높이 날면서 화려한 인생을 살아갈 수 있다.

인생길에 발자국을 새기는 책쓰기

요즘은 65세 혹은 70세에 은퇴하여도 청춘이다. 건강하고 젊다. 은퇴한 이후에 소일하면서, 남은 인생을 보내기에는 남은 인생이 너무 길다. 은퇴하고 보통 30년 이상을 더 살아야 하기 때문이다. 예전에는 인생의 평균수명을 80세로 볼 때, 40세까지를 인생의 전반부로 보고, 40세 이후부터는 인생의 후반기로 보았다. 그러나 평균수명이 100세 시대로 늘어난 요즘에는 50세를 전후해서 인생의 전반부와 후반부로 보게 된다. 그렇게 볼 때 진짜 인생은 50세 이후부터라고 볼 수 있다.

평범한 학교 선생님으로 있다가 60세에 은퇴한 후 책을 출간하면서 화려한 인생 2막을 열었던 이디스 해밀턴이 한 말이 실감이 나는 시대이다. 그는 "우리 인생의 전반부는 서막에 불과하다"라고까지 하였다. 그렇다. 우리 인생은 50세까지의 전반부는 준비의 시기이고, 50세 이후부터가 인생의 골든타임인 진짜 인생이다.

인생을 성공적으로 살았거나, 사는 사람들은 많은 실패를 경험하면서도 결코 포기를 몰랐던 사람들이다. 민주주의의 참된 정신을 몸소 실천하여 세계 정치사에 영원히 이름을 남긴 에이브러햄 링컨의 인생 여정은 실패의 연속이었다. 그러던 그가 52세에 미국 대통령에 당선되어, 국민으로부터 존경받는 최고의 대통령이 되었다.

영국의 총리를 두 번이나 지냈으며 역대 수상 중 최고의 수상으로 평가받는 벤저민 디즈레일리(Benjamin Disraeli) 역시, 실패를 반복하면서 자신의 꿈을 이루었다.

영국 왕립 음악아카데미의 음악 감독으로, 음악가로서의 부와 명성으로 최고의 영예를 누렸던 프리드리히 헨델(Georg Friedrich Handel)은 화려했던 젊은 날에 가난하고 초라한 인생으로 전락했지만, 그의 후반기라고 할 수 있는 실명한 상황에서 〈메시아〉를 작곡하여 세계 음악사에 길이 남는 바로크 음악의 거장이 되었다. 그가 〈메시아〉를 작곡할 당시 나이는 56세였다.

독일의 시인·극작가·정치가·과학자·세계적인 문학가이며 자연연구가인 요한 볼프강 폰 괴테(Johan Wolfgang von Goethe)는 역작 『파우스트』를 23세에 시작하여 82세에 마쳤다. 그는 『파우스트』를 무려 59년 동안 쓰면서, 자신의 모든 열정을 쏟아부었다. 그렇게 열정을 쏟아부은 『파우스트』가 불후의 명작으로 평가를 받고 있다.

한국 최초로 유럽 무대에 선 메조소프라노 김청자는 은퇴 후 자신의 전 재산을 정리하여 아프리카 말라위에 루스빌로 뮤직센터를 설립하였다. 그녀는 이곳에서 가난한 아이들과 주민들에게 음악을 가르치며 행복을 심어주고 있다.

대개 사람들은 은퇴하면 인생이 다 끝나는 것처럼 생각하는 사람이 많다. 그러나 그것은 크게 잘못된 생각이다. 인생 후반기가 기다리고 있다고 생각해야 한다. 그리고 인생 전반기의 노하우를 살리거나 자신이 지닌 능력으로 새로운 인생을 위해 힘차게 나아가야 한다.

미국의 작가 파크 벤저민은 은퇴 이후라도 인생 최고의 순간은 지금부터라는 생각으로 에너지 넘치고 창의적인 삶을 살아야 한다고 강조한다. 그는 말한다.

"인생의 주인공이 되기 위해서는 어둠의 장막, 즉 어떤 고통과 시련을 뚫고서라도 끝까지 그 길을 걸어가야 한다. 삶의 주인공이 되어라. 영원히 이어지는 눈길 위에 발자국을 남겨라. 칠흑 같은 어둠의

장막을 뚫고 환한 밝음으로 가는 길을 개척하라."

인생의 길에 발자국을 남기고 밝음으로 가는 길을 개척하는 방법 중 하나는 바로 책쓰기이다. 은퇴 이후라도 책을 쓰면서 최고의 순간은 지금부터라는 마음으로 살아간다면, 우리 인생은 최고의 전성기를 향해 날마다 나아가는 가슴 뛰는 인생이 될 것이다.

인생 콘텐츠가 꽉 찬 사람은
누구나 만나고 싶어 한다

생 텍쥐베리(Antonie de Saint-Exupery)는 "인간은 상호관계로 묶이는 매듭이요, 거미줄이며 그물"이라고 했다. 미국 카네기 멜런 공과대학에서 조사한 것에 따르면, 인생에서 스스로 실패했다고 인정한 사람의 85%가 인간관계의 실패를 이야기했다고 한다. 지식과 능력과 기술이 아무리 뛰어나다 할지라도 인간관계가 좋지 못하면 성공하기 어렵다는 결론을 내린 것이다. 또한 '미국 보스턴 대학의 40년 연구'라는 프로젝트를 진행한 헬즈만 교수가 7세 어린이 450명을 선정, 40년이 지난 후 이들의 사회경제적 지위를 조사했다. 그런데 이들의 성공을 가장 잘 설명해준 요인은 '타인과 어울리는 능력, 좌절을 극복하는 태도, 감정 통제 능력'으로 나타났다.

미국의 극작가 존 궤어는 "세상의 모든 사람은 여섯 사람만큼만 떨어져 있다"라고 말한다. 다시 말해 적절한 중개자를 거치면 누구든 두 손가락으로 헤아릴 수 있는 단계를 거쳐 대통령에게까지 연결할 수 있다는 뜻이다. 정보혁명의 시대에는 지식과 정보가 중요하다고 해도 가장 중요한 것은 인간관계의 힘이다.

인맥은 관계이며, 인맥관리는 태어나서 죽을 때까지 맺는 여러 인간관계가 올바로 형성·유지 되도록 관리하는 일이다. 따라서 인맥관리는 성공을 위한 것이라기보다는 행복을 위한 것이다. 성공을 위해 좋은 인맥이 필요한 것이 아니라, 좋은 인맥 또는 좋은 인간관계가 이미 큰 성공이자 행복이다.

휼렛패커드의 창업자 데이비드 패커드(David Packard)는 "좋은 사람을 만나는 것은 신이 주는 축복이다. 그 사람과의 관계를 지속시키지 않으면 축복을 저버리는 것과 같다"고 했다.

공예부문에서 제법 이름이 알려진 사람이 있다. 대화하던 중, 우연히 유명한 대중가수와 연극인의 이름이 나왔다. 어떻게 알게 되었는지 궁금해하자, 그는 이렇게 말했다.
"행사를 한번 하면 2백 명 정도는 기본으로 오는데, 그 과정에서 알게 되어 친분을 쌓았다. 그리고 어느 정도 이름이 알려지면 그 이름에 걸맞은 인적 네트워크가 구성된다."
그의 이름이 매스컴에 오르내리기 시작한 것은 불과 10여 년도 안 된다. 그런데도 그는 현재 문화예술계에서 꽤 쟁쟁한 사람들과 친밀한 인간관계를 맺고 있었다. 의도적으로 인맥을 만들기 위해 애쓴 것도 아닌데, 자연스럽게 연결됐다고 한다. 그리고 한번 인연이 된 이상, 그 사람들과의 관계를 소중히 여기고 소홀하지 않기 위해 노력하고 있다고 한다. 공예가로서의 전문 능력뿐만 아니라 인맥관리에서도 탁월한 능력을 발휘하고 있다는 생각이 들었다.

매일경제신문이 세계한민족여성네트워크 행사의 해외 참가자 110명을 대상으로 설문조사를 한 적이 있다. 이에 따르면 치열한 국제무대에서 성공하기 위해 가장 중요한 요소로 응답자들은 '전문지식 습득'(48%), '필요한 언어구사 능력'(32%)에 이어 '인맥관리'(20%)를 꼽았다. 인맥관리가 중요한 것은 한국에서나 국제무대에서나 똑같다는 이야기이다. 카이저 철강 창업자인 헨리 카이저는 "인간은 저마다 신의 아들이므로, 모든 인간이 중요하다는 사실을 잊지 않는다면 자연스럽게 좋은 대인관계를 유지할 수 있다"는 말을 남겼다.

이 말은 자기 자신을 소중하게 생각하는 만큼 다른 사람들도 소중하게 대하라는 의미이다. 자신이 좋은 인맥을 만들고 싶다면, 지금부터라도 성경 마태복음 7장 12절 말씀대로, 다른 사람들에게 자신이 대접받고 싶어 하는 대로 대접해 주면 된다. 그것이 다른 사람을 내 사람으로 만드는 데, 가장 효과적인 방법이다.

인간관계 분야에서 세계 최고의 베스트셀러가 된 데일 카네기의 『인간관계론』은 데일 카네기가 20년 이상 고난을 겪으며 배운 인간관계의 체험에서 나온 책이다. 데일 카네기는 뉴욕의 바퀴벌레가 나오는 허름한 다락방에서 20여 년을 살았다. 인간이 겪을 수 있는 모든 고난을 겪으면서, 그는 어려움을 겪는 사람들을 이해하고 배려하는 마음을 몸으로 배웠다. 그리고 자신이 인생의 가장 낮은 바닥에서 배운 체험을 『인간관계론』으로 쓰게 되었다. 그 책은 최고의 베스트셀러가 되었고, 데일 카네기는 출간과 함께 가난에서 벗어나게 되었다.

데일 카네기의 인간관계론의 핵심은 성경 마태복음 7장 12절의 예수님의 황금률의 실천이었다. "너희가 대접을 받고자 하는 대로 너희도 다른 사람을 대접하라"는 말씀대로, 데일 카네기는 인생의 고난의 때에 몸으로 배운 인간관계의 소중함을 실천하고, 이를 책으로 출간하여 빛을 본 것이다. 인생에서 가장 소중한 것은 사람과의 관계이다.

자신의 이름으로 나온 책이 있다는 건 그 자체만으로 사람들에게 다양한 삶의 콘텐츠를 갖춘 사람으로 보이게 한다. 이는 곧 매력적인 사람으로 보이게 하고 가까이하며 인간관계를 맺고 싶은 사람이 되게 한다. 물론 책을 쓰는 과정은 성찰과 단련의 시간이 되어 실제 이런 콘텐츠와 매력을 갖추게 하기도 한다.

책쓰기는 이렇게 자기 자신의 삶을 보람차고 한 단계 업그레이드 할 뿐만 아니라 다른 사람들에게도 매력적인 이미지는 물론 실제 교류에서 상대에게 도움을 줄 내공을 쌓게 해주는 최고의 인생 브랜딩이다.

인생의 집을 짓고
꿈을 짓는 책쓰기

사람은 나이를 먹어서 늙는 것이 아니라, 꿈을 잃을 때 비로소 늙는다. 세계 역사상 최대 업적의 35%는 60~70대에 성취되었다. 23%는 70~80세 노인에 의하여, 그리고 6%는 80대 이상에서 성취되었다. 결국, 역사상 칭송받는 업적의 64%가 60세 이상의 사람들에 의하여 성취되었다.

소포클레스가 『클로노스의 에디푸스』를 쓴 것은 80세 때였고, 괴테가 『파우스트』를 완성한 것은 80세 넘어서였다. 다니엘 드 포우는 59세에 『로빈슨 크루소』를 썼고, 칸트는 57세에 『순수이성비판』을 발표하였다. 미켈란젤로는 로마의 성 베드로 대성전의 돔을 70세에 완성하였고 베르디, 하이든, 헨델 등도 고희의 나이를 넘어 불후의 명곡을 작곡하였다. 이런데도 당신은 지금 나이를 핑계로 생의 새로운 도전을 주저하지는 않는지 생각해 보길 바란다.

셰익스피어는 인생 2막의 성공을 위해 이렇게 조언한다.

첫째, 학생으로 계속 남아있어라. 배움을 포기하는 순간 폭삭 늙기 시작한다.

둘째, 과거를 자랑 마라. 옛날이야기밖에 가진 것이 없을 때, 당신은 처량해진다. 삶을 사는 지혜는 지금 가지고 있는 것을 즐기는 것이다.

셋째, 젊은 사람과 경쟁하지 마라. 대신 그들의 성장을 인정하고, 그들에게 용기를 주며, 그들과 함께 즐겨라.

넷째, 부탁받지 않은 충고는 굳이 하려고 마라. 늙은이의 기우와 잔소리로 오해받는다.

다섯째, 삶을 철학으로 대체하지 마라. "철학이 줄리엣을 만들 수 없다면, 그런 철학은 꺼져버려라"라고 했던 로미오의 말을 기억하라.

여섯째, 아름다움을 발견하고 즐겨라. 약간의 심미적 추구를 게을리하지 마라. 그림과 음악을 사랑하고, 책 읽기를 즐기며, 자연의 아름다움을 만끽하는 것이 좋다.

일곱째, 늙어가는 것을 불평하지 마라. 가엾어 보인다. 몇 번 들어주다가 당신을 피하기 시작할 것이다.

여덟째, 젊은 사람들에게 세상을 다 넘겨주지 마라. 그들에게 다 주는 순간, 천덕꾸러기가 될 것이다. 두 딸에게 배신당한 리어왕처럼 춥고 배고픈 노년을 보내며 두 딸로 인해 죽게 될 것이다.

아홉째, 죽음에 대해 자주 말하지 마라. 죽음보다 확실한 것은 없다. 확실히 오는 그 죽음을 일부러 맞으러 갈 필요는 없다. 그때까지는 삶을 탐닉하라. 우리는 살기 위해 여기에 왔노라.

100세 시대, 은퇴 이후 누구라도 가야 할 길이 멀다. 6~70세에 은퇴한다 하더라도 3~40년 정도를 더 살아가야 한다. 그런 만큼 이제부터라도 은퇴 이후의 인생 2막을 준비해야 한다.

그러면 멋진 인생 2막을 위한 준비는 무엇일까? 그것은 역시 자신이 잘하는 일을 찾아 그 일을 발전시키는 것이 최고의 준비이다. 책쓰기 준비 역시 인생 2막을 아름답게 꾸미는 훌륭한 방법이다. 자신은 글쓰기에 재능이 없어 어렵다는 사람도 이겠지만 책을 쓰는 방법은 다양하다. 대필을 하는 방법도 있고 나 같은 책코칭 전문가의 도움을 받는 방법도 있다. 서툴게 작성한 글이라도 윤문을 통해 글을 매끄럽게 할 수도 있다.

앞에 나온 셰익스피어의 말처럼 사람은 배움을 포기하는 순간 폭삭 늙기 시작한다. 무엇이라도 배우는 사람은 청춘의 열정을 지닌 것처럼 늙지 않는다. 책쓰기는 배우는 일일 뿐만 아니라 성찰하고 성숙해지는 일이다. 인생이 한층 밝아지고 미래를 내다보는 일이기도 하다. 집을 짓는 일처럼 책쓰기는 인생의 집을 짓고 미래의 꿈을 지으며, 사람들과는 관계를 짓고 세상과는 소통을 짓는 일이다.

책을 통해 큰 그릇으로
준비된 링컨에게 배우다

당신은 에이브러햄 링컨을 자세히 아는가? 가난한 통나무집에서 자라나 미국의 16대 대통령이 되었고, 노예를 해방한 사람이라는 지식 정도만 갖고 있지 않은가? 나 역시 링컨을 잘 알고 있다고 생각하였다. 링컨에 대해서 너무 많이 들어서 잘 안다고 생각했지만, 실제는 잘 몰랐다. 최근 몇 년간 링컨의 전기를 몇 권 다시 읽으면서 깨달은 사실이 있다. 그것은 '아, 링컨은 정말 큰 인물이었구나! 링컨을 만든 것은 책의 힘이었구나!'라는 깨달음이었다.

미국의 16대 대통령 에이브러햄 링컨(Abraham Lincoln, 1809-1865)의 일생은 실패와 패배의 연속이었다. 그는 1809년 미국 캔터키주 호젠빌에서 가난한 농민의 아들로 태어났다. 학교 교육은 거의 받지 못했지만, 잡화점 경영, 측량기사, 우체국장 등 여러 직업을 거치면서 독학으로 법률공부를 해 변호사가 되었다. 그는 자신의 인생을 이렇게 고백한다.

나는 22세에 인생의 첫 번째 사업에 실패하였다. 23세에 지방의회 선거에 입후보했으나 낙선하였다. 24세에 다시 사업에 도전하였으나 실패하였다. 34세에 지방의회 선거에 도전했으나 또 낙선하였다. 38세에 하원의원 선거에 도전했으나 낙선하였다. 43세에 재차 하원의원 선거에 도전했으나 또 낙선하였다. 46세에 상원의원 선거에 도전했으나 또 실패하였다. 47세에 부통령 선거에 도전했으나 낙선하였다. 49세 되던 해, 상원의원 선거에 또 낙선하였다.

이처럼 링컨의 삶은 실패와 패배의 연속이었다. 그러나 그는 절대 좌절하지 않았다. 오히려 패배를 패배시키며 한 걸음 한 걸음 다시 나아갔다. 그가 그렇게 할 수 있었던 것은 결코 희망을 놓지 않는 사람이었기 때문이다. 그는 마침내 51세 되던 해인 1860년 미국 대통령에 당선되었고, 미국 역사상 가장 훌륭한 대통령이 되었다.

많은 사람이 링컨에게 당선 축하 인사를 했다.
"그렇게도 많이 실패하시더니 드디어 성공하셨군요."
링컨은 그들에게 미소 지으며 이렇게 말하였다.
"실패라고요? 저는 실패한 적이 없습니다. 그동안 경험한 실패는 성공을 위한 소중한 경험이었습니다."
그는 진정 패배 속에서도 굴하지 않았던 사람이었고, 희망을 품은 사람이었다. 또한, 진정한 관용을 아는 사람이었다. 링컨이 대통령에 당선되어 처음 상원의원들 앞에서 취임 연설을 할 때이다. 링컨이 연설을 시작하려고 하자, 거만해 보이는 한 상원의원이 일어나 링컨을 조롱했다. "구두 수선공의 아들인 당신이 대통령이 되다니, 정말 놀랍습니다. 지금까지 그런 형편없는 신분으로 대통령에 당선된 사람은 아마 미국 역사에 없을 겁니다." 이 말에 여기저기에서 킥킥거리며 링컨을 비웃는 웃음소리가 들려왔다.

링컨은 불쾌하게 생각하지 않고, 잠시 침묵을 지켰다. 그리고 잠시 후 링컨은 이렇게 말했다.
"고맙습니다. 의원님! 한동안 잊고 지냈던 아버지의 얼굴을 떠올리게 해주시니 감사합니다. 제 아버지는 완벽한 솜씨를 가진 구두 수선공이셨습니다. 이 자리에 계신 분 중에도 제 아버지가 만든 구두를 신고 있는 분들이 계실 것입니다. 그럴 일은 없겠지만, 혹시라도 신발에 문제가 생기면 언제든지 제게 말씀해 주십시오. 제가 곁눈질로 배운 솜씨로 손봐드릴 수 있습니다. 물론 큰 기대는 하지 마십시오. 왜냐하면, 제 솜씨는 아버지 솜씨에 비교조차 되지 않기 때문입니다. 아버지는 '구두 예술가'였거든요. 저는 그런 아버지를 지금도 존경합니다."

링컨을 생각하면서 다시 다짐하게 된다. 링컨도 일생을 통해서 수많은 고난을 겪었지만, 책을 읽으면서 큰 그릇으로 준비되었으니 나도 그 길을 따르겠다는 다짐이다.

주변의 지도자 중에 머리가 텅 빈 사람들이 너무 많다. 스마트폰만 보는 우리 시대가 텅 빈 시대로만 달려가는 것은 아닌지 걱정스럽다. 자신의 내면을 채우려는 생각은 하지 않아 걱정이다. 누구나 책으로 지식을 쌓고 내면의 수양을 해야 하지만, 다수의 삶을 책임지는 지도자라면 특히 책을 많이 읽어야 식견을 넓히고 통찰력을 키울 수 있다. 그들의 책쓰기도 지도자에게 필요한 다양한 자질을 키워줄 것이다.

나는 그동안 많은 책을 읽었지만, 다시 다짐한다. 아직 내가 생각하는 만큼 되지 못했다고, 너무 일찍 내 인생의 한계를 정하지 말자고. 해야 할 일과 꿈과 비전이 있다면, 그 힘은 반드시 책의 힘으로 얻어야 한다고. 책의 힘은 링컨을 만들었다. 내 인생을 확실히 채워가는 일도 책의 힘이다. 그래서 너무 일찍 이만하면 된다는 한계를 정하지 말고, 다시 내 인생의 마음속 창고를 좋은 책들로 차곡차곡 채워가려고 한다. 나는 책을 통해 계속 배우고 있으며, 특히 링컨에 대해 배우고 있다.

100세 시대
자기계발과 인생브랜딩

    요즘은 정말 100세 시대이다. 우리나라 사회 전반에서 이에 대한 관심이 많다. 사회의 여러 분야에서 보이는 관심처럼, 앞으로는 사회 각계 각 층이 아름다운 노후를 준비해야 한다. 100세 시대를 잘 이해하고 자신의 삶을 그에 맞추어 준비한다면, 행복한 노후를 보내게 될 것이다. 그리고 100세 시대의 노후를 준비한 사람은 삶의 행복에너지 충전소가 될 것이다. 이미 100시대는 우리나라뿐만 아니라 세계적으로 현실화되고 있다.

    100세 시대가 열린 만큼 나이에 구애받지 않고 자기 자신을 계발해가는 사람들이 점차 많아지고 있다. 나이가 많다고 위축되지 않고, 꿈을 실현해 나가는 사람들이다. 예를 들면 98세에 첫 시집을 낸 일본의 시바타도요(1911-2013) 할머니 시인이 있다. 시바타도요 할머니는 아들의 권유로 틈틈이 써 놓았던 시를 모아 시집을 내면서, 자신의 장례식 비용으로 모아두었던 돈을 출간비용으로 사용했다. 마침내 98세 되던 해에 도요 할머니는 생애 첫 시집 『약해지지 마』를 세상에 선보였다. 그렇게 나온 시집은 위로가 필요한 사람들에게 위로의 손길을 내밀며 큰 사랑을 받았고 베스트셀러가 되었다. 도요 할머니의 시 중 한 편을 소개해 본다.

약해지지 마

있잖아…
불행하다고 한숨짓지 마
햇살과 산들바람은 한쪽 편만 들지 않아
꿈은 평등하게 꿀 수 있는 거야
나도 괴로운 일 많았지만 살아있어 좋았어
너도 약해지지 마.

세계 최고령으로 데뷔한 시인으로 불리는 시바타 도요 할머니는 1911년 일본 도기치의 부유한 집에서 태어났지만, 가정 형편이 어려워져 생계유지에 나설 수밖에 없었다. 20대에 일찍 결혼하였지만, 곧 이혼하였고, 33세에 요리사 남편과 재혼하여 외아들 겐이치를 낳았다.

시바타 도요가 원래 좋아하던 일은 무용이었는데, 나이가 들어 할 수 없게 되자, 아들 겐이치가 시를 쓸 것을 권유하였다. 아들 겐이치는 시바타가 쓴 시를 신문사에 투고하였다. 시바타의 시는 높은 경쟁을 뚫고 '산케이신문' 아침 코너에 실리기도 했다. 2009년 98세에 장례비 100만 엔으로 나온 첫 시집 『약해지지 마』는 일본에서 150만 부 이상 팔리는 기염을 토했고, 한국, 이탈리아, 독일 등 세계 여러 나라에 번역되었다. 시바타의 시는 긍정적인 태도와 순수한 마음이 담겨있어서 감동을 준다는 평가를 받고 있다.

2011년 6월에는 시집 『100세』를 발표하였고 2013년 1월 20일 아름다운 시를 남기고 타계하였다. 98세에 첫 시집을 낸 시바타 도요처럼, 나이에 구애받지 말고 도전하자. 그 도전이 꼭 책쓰기가 아니어도 괜찮다. 다만 책쓰기만큼 인생을 새롭게 짓고 브랜딩하기 좋은 일은 없다. 책쓰기는 인생을 다시 쓰는 일이기 때문에 어떻게 하느냐에 따라 빛나는 인생 2막이 펼쳐질 가능성이 무한한 일이기 때문이다.

나이는 숫자에 불과하다. 나이가 몇이든 이제부터라도 도전을 시작하자.

또박또박 희망을 쓰는 책쓰기

송숙희 작가는 『인포프래너』에서 잘하는 일, 좋아하는 일을 하면서 100세까지 평생 현역으로, 다이아몬드처럼 빛나는 인생을 사는 법을 말한다. 송숙희가 말하는 정보를 파는 1인 기업가인 '인포프래너'의 최종 병기는 자신의 책을 출간하는 일이다. 그녀는 "책은 당신의 역사이며, 당신을 작품화한 것이다. 인포프래너에게 최종 병기는 책이다. 책은 당신의 역사를 손으로 만들어낸 것이다. 책은 당신만의 노하우를 정보 상품으로 제공해 평생 수입원을 확보하는 최단기의 지름길"이라고 말한다.

어느 분야든지 전문가들이 있다. 보험설계사, 자산관리사, 건강관리사 등 여러 분야에서의 전문 관리사들 존재한다. 내가 꿈꾸는 전문 영역 중의 하나는 북컨설턴트(Bookconsultant)다. 북컨설턴트는 책을 가지고, 사람들을 상담하는 기술이라고 할 수 있다. 나는 내가 읽었던 책 내용 중 좋은 부분이 있으면, 페이스북에 올려서 여러 사람이 공유할 수 있도록 한다. 그렇게 페이스북에 올렸던 희망의 글들을 모아서 2권의 에세이집을 출간하기도 했다. 나름대로 그동안 SNS를 통해서 북컨설팅을 해온 셈이다. 그러나 이제부터는 전문 서적들을 계속 출간하면서 도움이 필요한 사람들에게 강의나 방송 등 다양한 방법으로 북컨설팅을 하고자 한다.

내게 북컨설턴트로서의 삶의 꿈을 심어준 다이애나 홍은 『책 속의 향기가 운명을 바꾼다』에서 자신이 책을 통해서 일어났다고 밝히며, 책이 주는 힘 덕분에 북컨설턴트로 살아가는 행복과 보람을 이야기하고 있다. 북컨설턴트가 된 사연을 밝힌 서문이 감동적이어서 여기 소개한다.

책이 저를 살렸습니다. 아마도 책이 아니었으면 어떤 분들처럼 자살이라는 끔찍한 선택을 했을지도 모릅니다. 어떤 이는 술잔을 잡고 넘어지고, 어떤 이는 책을 잡고 넘어집니다. 미칠 것만 같은 스트레스가 태풍처럼 몰려왔을 때, 술잔 대신 책을 잡고 넘어졌습니다. 책 속의 주인공들은 저보다 훨씬 거친 쓰나미에 휩쓸려 떠내려가고 있었습니다. 그런데도 한결같이 마지막 희망의 끈을 놓지 않았습니다. 세상을 다 삼킬 것 같은 쓰나미도 시간이 지나면 세월의 바닷물에 다다르게 되고, 큰 바다를 만나면 소리 없이 다 사라집니다.

책은 제가 혼자 외로이 흘리고 있는 눈물을 닦아준 손수건이었습니다. 숨이 막힐 때마다 살기 위해 책을 손에 들었습니다. 숨 막히는 가슴을 뻥 뚫어주는 마법의 힘이 책갈피에서 나왔습니다. 좋은 책은 좋은 세포를 만듭니다. 세포가 건강해집니다. 힘들 때마다 읽었고, 외로울 때마다 읽었으며, 고독할 때마다 읽었습니다. 읽고 나면 세포가 웃고 행복해졌습니다. 제게 독서는 행복입니다.

책과 관련하여 나는 크게 네 가지 꿈이 있다.

첫 번째 꿈은 북컨설턴트이다.

다이애나 홍이 그런 독서의 힘을 체험하고 기업의 CEO들을 돕는 것처럼, 나 역시 동일한 체험을 한 사람으로서 다양한 부류의 사람들에게 북컨설턴트로서 도움을 주고자 한다. 고난을 겪는 사람들을 도울 방법은 여러 가지가 있을 것이다. 돈 몇 푼을 당장 손에 쥐여주어 도와줄 수도 있다. 그러나 좀 느린 것 같지만, 책을 통한 공감을 나누며 힘을 줄 수 있다면, 그것이 최고의 도움이 아닐까 싶다. 그러한 면에서 나는 진정, 책을 통해서 다시 살아나는 경험을 통해 힘을 얻었기에, 이 시대의 모든 사람에게 진정한 힘을 주는 북컨설턴트를 꿈꾸고 있다.

두 번째 꿈은 책쓰기이다.

책쓰기는 자신을 브랜딩할 수 있는 최고의 작업이다. 『당신도 베스트셀러 작가가 될 수 있다』의 저자 앨리슨 베이버스톡은 "자신의 브랜드와 경쟁력을 책이라는 이름으로 멋지게 포장해서 내놓는 일은, 세상의 그 어떤 방법보다 효과적인 자기 PR"이라고 말한다.

지금 이 책을 쓰는 목적도 지난 몇 년간 내가 인생의 광야수업을 통해서 깨달은 체험을 스스로 정리하고, 고난을 겪고 있는 많은 사람을 이 책을 통해 일으키고자 하는 데 목적이 있다. 앞으로 나는 최고의 자기 브랜딩인 책쓰기를 통해서 많은 사람에게 희망을 주는 작가가 되고자 한다. 책쓰기 학교를 통해서도 계속 책 쓰는 꿈을 나누어주고자 한다. 이 책을 시작으로 앞으로 100권 이상의 책을 쓰고 싶다.

세 번째 꿈은 '책 퍼주는 사람'이다.

배고픈 사람들에게 따뜻한 한 끼 식사는 최고의 희망을 주는 일이다. 마찬가지로 마음이 고픈 사람들에게 한 권의 책은 최고의 희망을 주는 마음의 양식이 된다. 내 마음이 힘들 때 나는 책의 힘으로 일어났기에 앞으로 내 책을 계속해서 써나가면서, 그 책을 가지고 희망을 전하며, 마음이 고픈 사람들에게 책 퍼주는 사람이 되고 싶다.

네 번째 꿈은 멋진 도서관을 여는 것이다.

내 바이블 이름(나는 박성배라는 이름도 있지만, 성경의 이름을 따서 박사무엘이라는 이름도 있다)을 딴 '사무엘 라이브러리'(Samuel Library)를 갖고 싶다. 하나미션센터 사무엘 라이브러리에 수많은 책을 비치해 놓고, 앞으로 다가올 통일 한국 시대의 일꾼을 양성하는 일을 하고 싶다.

사무엘이 라마나욧에서 통일 이스라엘을 이끌었던 다윗과 그의 주변 사람들을 양성했던 것처럼, 통일 한국 시대의 일꾼들을 양성하고 싶다.

나는 이처럼 책과 관련하여 많은 꿈을 꾸고 있다. 그러한 의미에서 이 책은 큰 꿈을 향한 작은 출발의 씨앗이 되는 중요한 책이다. 이 책과 함께 책과 관련한 나의 많은 꿈과 미래의 희망들이 하나하나 이루어져 가기를 간절히 소망하면서 나는 한 자 한 자 꿈을 기록해 나가고 있다.

가장 가치 있고 보람된
책쓰기 미션

　고염무는 명말·청초 위기의 시대를 대표하는 학자로 청나라 학풍에 지대한 영향을 미친 사람이다. "만 권의 책을 읽고, 만 리 길을 여행하라"는 말은 많은 책을 읽고, 많은 사명을 감당하라는 의미일 것이다.

　나는 30대 초반에 영국과 헝가리에서 사역하였다. 필리핀에서 3개월, 싱가포르에서 1개월, 그리고 독일, 네덜란드, 스위스, 이탈리아, 프랑스 등 여러 나라에서 살아보기도 하고, 방문하기도 하였다. 이 책을 쓰면서 이러한 나라와 그 외 세계 여러 나라에 내가 쓴 책으로 '많은 사람이 한 권의 책을 쓸 수 있도록 징검다리 역할'을 해야겠다는 생각을 구체적으로 하게 되었다. 내가 비록 현지에 가지는 못하더라도 이 책이 간다면, 나를 대신해서 '책쓰기에 관한 미션'을 감당하게 될 것이라는 확신이 든다. 책을 쓴다는 것이 얼마나 유용한 일인가를 새삼 깨닫게 된다.

해외뿐만 아니라 우리나라도 KTX를 타면 서울부터 부산까지 2시간 30분 만에 갈 수 있고, 나주, 울산은 2시간이면 갈 수 있다. 앞으로 통일되면 서울에서 평양까지 2시간이면 갈 수 있어서 '책쓰기 미션' 강좌를 열 수 있을 것이다.

지난 17년의 세월 동안 도서관과 골방에서 1만 여권의 책을 본 것은 만 리를 다니면서 사람들에게 제2의 인생을 새롭게, 그리고 행복하게 브랜딩시키라는 하늘의 미션이 아닐까 싶다. 내가 살고 있는 이곳에서부터 시작하여 우리나라 방방곡곡 구석구석까지, 통일되면 북한 땅과 연해주까지, 그리고 지도상에 이름이 있는 지구 상의 모든 나라에, 이 책이 전달되었으면 좋겠다. 물론 직접 가서 책쓰기 강의와 코칭을 할 수 있으면 더욱 좋겠다.

내가 헝가리에 있을 때 부다페스트의 한 맥도날드에서 한국인 작가를 우연히 만났다. 그는 반가운 마음에 가방에서 자신이 지은 책 한 권에 사인까지 한 뒤 내게 주었다. 나는 그 장면이 내 인생의 장면이 되도록 오랫동안 꿈꾸어왔다. 이제 이 책 출간과 함께 이 책을 들고 어디든지 문이 열리는 곳을 향하여 나아갈 것이다. 그리고 가서 책쓰기의 소중함에 관해서 이야기할 것이다.

"만 권의 책을 읽고, 만 리 길을 여행하라"는 고염무의 말이 실현되는 것 같아, 벌써 마음이 설렌다. 성경의 사도행전 1장 8절 "오직 성령이 너희에게 임하시면 예루살렘과 유대와 사마리아와 땅끝까지 가서 내 증인이 되라"는 말씀처럼, 책 한 권이 땅끝까지 내 삶을 증거해줄 수도 있을 것이다.

"음악가는 음악을 만들어야 하고, 화가는 그림을 그려야 하며, 시인은 시를 써야 한다. 진정한 마음의 평화를 얻고자 한다면, 자신이 원하는 일을 해야 한다"고 했던 아브라함 매슬로(Abraham Maslow)의 이 말처럼 나는 이 책과 함께 내가 해야 할 미션을 명확히 그려보게 된다. '책쓰기 미션'이다. 유한한 인생을 살아가는 우리는 누구나 이 세상을 떠나게 된다. 그러므로 한 권의 책으로 기록을 남긴다면, 이는 우리가 이 땅에 머물면서 했던 일 중에 가장 가치 있고 보람된 일이 될 것이다.

사무엘 쯔웨머(Samuel Zwemer, 1867-1952) 역시 "인쇄물은 결코 주춤거리지 않으며, 결코 비겁하지 않으며, 타협의 유혹을 받지 아니하며, 지치거나 낙담하는 법이 없다. 그런가 하면 우리가 잘 때도 일하고, 냉정함을 잃어버릴 염려도 없고, 우리가 죽은 후에도 오래도록 일한다"는 말을 통해 기록의 중요성을 말하고 있다.

책쓰기 팁

책의 보석창고인 서재는 책쓰기 집중력을 키운다

> 돈이 가득 찬 지갑보다는 책이 가득한
> 서재를 갖는 것이 훨씬 좋아 보인다.
> - J. 릴리

책이 가득한 서재는 지식과 지혜로 가득한 창고이다. 지식과 지혜로 가득한 서재는 보석이 가득한 창고와 같다. 어린 시절 농촌에서 자란 나는 가을에 추수가 끝나면 수확물로 가득한 창고가 좋았다. 양식이 될 추수한 볏가마들로 가득한 창고를 바라보면, 먹지 않아도 배부를 만큼 좋았다.

인간은 밥을 먹지 않으면 살 수 없듯이, 마음의 양식인 책을 먹지 않으면 정신적으로 건강하게 살아갈 수 없다. 그렇게 소중한 책을 모아두는 창고인 서재는 인생이 새롭게 피어날 수 있는 보물 창고가 아닐까 싶다. 나는 지난 17년간 인생의 바닥까지 떨어졌다가 다시 재기할 수 있었다. 그렇게 일어날 수 있었던 것은 나를 새롭게 피어나도록 충전시킨 인생 창고, 즉 서재가 있었기 때문이었다.

박래부가 지은 『작가의 방』이라는 책이 있다. 2006년에 초판이 나온 책이니까 내가 꽤 오랫동안 소장하고 있는 셈이다. 책에는 작가 이문열, 김영하, 강은교, 공지영, 김용택, 신경숙의 서재가 소개되어 있다. 따로 서재를 지어놓고 글 쓰는 작업을 하는 이문열 작가의 방이 한없이 부러웠고, 책이 가득한 방에 있는 강은교 시인의 멋진 모습이 늘 내 마음속에 있었다. 공지영 작가가 책을 보면서 방의 소파에 앉아 있는 사진은 '나도 책이 가득한 서재를 만들어야지' 하는 꿈을 갖게 해주었다. 김용택 시인의 서재는 섬진강 근처의 시골에 있지만, 책과 함께 살아가는 시인의 모습 자체가 너무 좋아 보였다. 그 『작가의 방』 덕분에 나도 오랜 세월 동안 꿈꾸던 나만의 서재를 소유하게 되었다. 책이 가득한 방에서 그들처럼 글을 쓸 수 있는 지금의 삶이 매우 행복하다.

포털사이트 네이버에 '지식인의 서재'라고 검색해보면 우리 시대의 지식인들의 서재가 소개되어 있다. 고도원의 서재, 시인 장석주의 서재, 경제학 박사이며 자기계발 작가인 공병호의 서재, 이외수 작가의 서재, 은희경 작가, 김여울 작가 등 내가 좋아하는 작가들의 서재가 소개되어 있다. 그들의 공통점은 모두 서재를 통해서 자신의 힘을 얻고, 저마다 자신의 색깔로 글을 쓴다는 사실이다. 장석주 시인은 『마흔의 서재』라는 단행본을 따로 출간하기도 하였다. 그는 3만 권 이상의 책을 품은 다독가로서 "마흔에 멈추어 읽는 책이 남은 인생의 길이 된다. 인생 절반에서 잠시 멈추어야 할 시간, 책 속에서 남은 생의 이정표를 찾아라"라고 말하고 있다. 그 책 중 특히 다음의 표현은 책을 사랑하는 사람으로서 100% 공감이 간다.

하루를 끝내고
수고로운 발을 씻은 후
낮은 책상머리에 앉은 저물녘,
시간의 갈림길에서 나를
바로 세우는 것은 다른 무엇 아닌 책,

책이다. 책이 있어서
마흔의 긴 밤은 두렵지 않다.
과거의 나를 돌아보게 하고
현재의 나를 단속하며
내일의 나를 앞당겨 보게 하는 책,
책이 편안한 친구이다.

4부

박성배 작가의 북플라잉

책쓰기 건축술 8단계

책쓰기 건축술 1단계 :

> 책쓰기는 집 짓기,
> 독서 기초부터 다져라

책 한 권을 쓰는 것은 집을 하나 짓는 것과 같다고 할 수 있다. 그러한 의미에서 건물을 설계하는 건축가와 책을 쓰는 책쓰기 코치는 기능과 역할 면에서 같다고 할 수 있다. 나는 2006년 미국 시카고에 방문했을 때, 세계적인 건축가 프랭크 로이드 라이트(Frank Lloyd Wright, 1867-1959)의 사무실에 방문한 적이 있다. 그는 동경 대지진 때 무너지지 않은 임페리얼호텔을 지은 것으로 유명하다.

프랭크 로이드 라이트는 호텔 공사를 맡고 호텔을 짓는데, 무려 2년 동안 기초 공사에 매달렸다고 한다. 기초 공사에 돈이 많이 들어갔고, 너무 오랜 시간을 보냈다. 그것은 주변 사람의 비난 대상이 되기도 했다. 이렇게 임페리얼호텔은 기초 공사 2년과 나머지 공사 2년으로 4년 만에 완성되었다. 그런데 이 호텔이 세워지고 52년이 지난 후 동경 대지진이 발생했다. 이 대지진 때 그 안에 있는 것 하나도 손상되지 않고 견고하게 서 있을 수 있었던 유일한 건물이 바로 임페리얼호텔이었다고 한다.

그 이후로 프랭크 로이드 라이트는 일본 건축계에 신화처럼 회자되는 이름이 되었다. 그는 건축가로서 1차 황금기에 토마스 주택, 로비 하우스, 유니티 교회를 지었다. 그리고 모든 것이 끝났다고들 할 때 모든 역경을 딛고 일어나 1936년 이후 제2의 전성기를 맞이하여 존슨빌딩, 낙수장, 구겐하임 등의 대표작을 쏟아내었다.

나는 프랭크 로이드 라이트가 명품 건물을 지었던 것처럼, 명품 책을 쓰는 '책쓰기 코치'가 되어야겠다고 생각하게 되었다.

건축가 라이트는 평생 1,100점 이상의 프로젝트를 했으며, 그중 1/3이 마지막 10년 동안에 이루어졌다고 한다. 모두가 은퇴하는 70이 넘은 나이에도 그는 모든 직원의 스케치 하나하나를 확인하고, 건물의 작은 세부사항까지 모두 체크하였다. 그는 또 모든 프로젝트에 대해 직접 건축주와 상담을 한 것으로도 유명하다.

나도 라이트처럼, '책쓰기 코치'로서 책을 쓰는 한 사람 한 사람의 사정과 형편에 맞는 책을 쓰게 해주고 출간할 때까지 끝까지 책임을 지는 '책쓰기 코칭'을 하고 있다. 하나의 집이 완성되면 그곳에 내일의 꿈과 희망을 품은 사람들이 살아가듯이, 한 권의 책이 쓰이면, 그 책 속에서 기록된 꿈과 희망을 따라서 많은 사람들이 인생을 만들어가게 된다. 그러한 면에서 '집짓기와 책쓰기는 같다'고 할 수 있다.

나는 2000년도에 스위스에 있으면서 본 건물들과 영국에 살면서 보고 느낀 건물들의 모양을 내 건물 설계에 반영하여 지었다. 2층은 스위스식으로 아주 높은 천장을 만들었고, 3층은 운치 있는 다락방을 만들었다. 오랫동안 공을 들여 준비한 다음 전문 설계사에게 맡겼을 때 설계사는 의미심장한 한마디를 해주었다. "땅 지형에 맞는 건물을 설계해 드리겠습니다" 이 말은 내가 현재 책쓰기 코칭을 하면서 그 사람의 형편 사정에 맞는 책을 코칭해 주는 데 지침이 되었다.

도롯가에 있는 땅에 맞는 설계도를 그려오겠다고 말한 설계사는, 약속대로 한 달 정도 후에 건물의 설계도를 가지고 왔다. 그리고 그 건물의 설계도를 자세히 설명해주었다. 나는 하나의 건물을 짓는 데 필요한 설계도가 책 한 권의 분량이 될 만큼 자세하다는 점에도 놀랐지만, 설계도의 내용이 매우 자세하다는 점에 큰 감동과 신뢰를 갖게 되었고, 그 설계도에 따라서 집을 짓기 시작하였다.

나는 책쓰기 코칭을 하면서 그때의 경험과 기억을 살려서 책의 목차를 설계도처럼 정교하게 만들어주고 있다. 한 권의 책을 쓰는 것은 집을 짓는 일처럼 인생을 브랜딩(Branding)하는 최고의 일이기 때문이다. 책쓰기 구상하기, 책쓰기 설계도 짜기, 책쓰기 시공하기, 책쓰기 완공과 입주의 단계로 책쓰기 단계를 차례대로 이야기해보고자 한다.

- 책쓰기 구상하기 – 한 권의 책을 꿈꾸며 구상하기
  1단계. 내 인생의 스토리를 담은 책을 써보라
  2단계. 내 인생을 대표하는 키워드를 찾아라

- 책쓰기 설계도 짜기 – 튼실하고 알찬 설계도 짜기
  3단계. 독서 내공을 통한 좋은 목차를 만들어 보자
  4단계. 튼실하게 짜인 콘텐츠 있는 목차를 확정하라

- 책쓰기 시공하기 – 신뢰와 책임으로 시공하기
  5단계. 감동 스토리가 있는 저자 프로필과 프롤로그를 써라
  6단계. 한 권의 책쓰기는 한 꼭지 쓰기를 통해 시작된다

- 책쓰기 완공과 입주 – 집중하여 완공하고 입주하기
  7단계. 집중도 높은 초고 완성을 위해 혼신의 정성을 다하라
  8단계. 책 출간으로 내 인생의 브랜드는 완성된다

인간은 누구나 자신만의 이야기가 있다. 당신 인생의 가장 중요한 이야기는 무엇인가? 나는 책쓰기 코치로서 첫 번째 시간에 '내 인생의 스토리'를 서술하게 한다. 그 구체적인 방법으로 내가 만든 스토리텔링 질문지를 작성하게 한다. 그리고 그 작성된 스토리텔링지를 중심으로 그 사람의 인생 스토리를 파악하게 된다. 스토리텔링은 어떤 책을 지어야 하는지에 대한 밑그림과 기초 작업이다. 내 인생의 스토리 속에 한 권의 책이 있다. 좋은 책을 짓기 위해서는 먼저 내 인생의 스토리를 면밀히 관찰하여야 한다. 인간은 누구나 스토리를 가지고 있고, 그 스토리를 냉철하게 분석해 보면, 그 속에서 한 권의 책을 발굴해 낼 수 있다.

- 좋은 책을 쓰기 위한 스토리텔링 질문 7가지
    1. 내 책은 어떤 스토리로 쓰고 싶은가?
    2. 나의 어린 시절 태어나고 자란 곳은 어디인가?
    3. 가장 행복했던 순간과 힘들고 아팠던 순간은 언제였는가?
    4. 내 인생의 멘토는 누구인가?
    5. 내 인생에 영향을 준 책은 어떤 것이 있었는가?
    6. 역사 속의 존경하는 인물(국내, 외국)은 누구인가?
    7. 내 평생의 미션은 무엇인가?

윤석금은 『사람의 힘』에서 '훌륭한 스토리텔링의 10가지 법칙'을 말한다. 1991년 일본의 사과 산지로 유명한 아오모리 현에 큰 태풍이 왔다. 과수원에서 익어가던 사과들이 떨어져 팔 수 없게 되었다. 한 해 농사를 망친 농부들의 실망이 컸다. 그런데 낙과를 줍던 한 농부가 아직 나무에 매달려 있던 몇 개의 사과를 발견했다. 그리고 이것을 '떨어지지 않는 사과'라고 이름 붙여 팔았다. 이 사과는 불티나게 팔렸다. '떨어지지 않는'이라는 말이 '합격'을 의미한다며, 수험생들이 너도나도 샀기 때문이다. 사과 한 개 값이 1만 원에 달할 정도로 비쌌는데도, 전부 팔려 나갔다.

스토리텔링은 판매할 상품의 특징을 잘 요약해 명쾌한 한마디로 설명할 수 있게 만드는 작업이다. 책, 보험, 자동차, 화장품 등 고객에게 직접 판매하는 모든 제품은 스토리텔링을 어떻게 하느냐에 따라 판매 결과가 달라진다. 판매나 영업을 잘하는 사람들은 하나같이 스토리텔링을 잘한다. 스토리텔링에는 나름의 법칙이 있다.

- 스토리텔링의 10가지 법칙
    1. 첫 마디에 호기심을 끌어야 한다.
    2. 스토리텔링은 진실해야 한다.
    3. 제품을 가장 잘 아는 사람이 스토리를 만든다.
    4. 소재가 풍부해야 좋은 스토리가 나온다.
    5. 스토리텔링은 쉬워야 한다.
    6. 스토리텔링에는 감동이 있어야 한다.
    7. 판매인은 좋은 스토리를 반복해서 연습해야 한다.

8. 좋은 스토리를 완성하는 것은 반복 연습이다.

9. 자신의 스타일에 맞춰 스토리텔링을 편집한다.

10. 스토리텔링은 롤플레잉으로 완성된다.

책쓰기 건축술 2단계 :

**내 인생을 대표하는
키워드를 찾아라**

일본의 작가 히스이 고타로가 쓴 『마음이 꺾일 때 나를 구한 한마디』에 나오는 세계적인 영화감독인 구로사와 아키라의 이야기가 내게 큰 감동을 준 적이 있다. 이 문장을 읽고 나는 힘든 시기를 딛고 일어나 내 인생의 키워드인 '책'으로 코칭 전문작가가 될 수 있었다. 구로사와 아키라의 말은 이렇다.

"이제 다 틀렸다는 생각이 들더라도 씩씩하게 한 발을 내디뎌라. 그러다 보면 어떤 어려움도 헤쳐 나갈 수 있다."

거장 영화감독 구로사와 아키라도 매사 순풍에 돛단 듯 잘 나갔던 것은 아니었다. 좋은 그림에 집착한 구로사와의 영화는 돈이 너무 많이 든다며 제작자들이 기피하기 시작했다. 엄청난 제작 비용 때문에 구로사와는 회사에서 쫓겨나다시피 독립을 한다. 설상가상으로 독립 후 야심 차게 시작했던 첫 작품마저 미국 영화사와 공동 제작 과정에서 의견이 충돌해 제작이 중단되고 말았다. 다음 해 다시 미국에 진출할 기회가 찾아왔으나 또다시 의견 충돌로 제작이 연기되었다. 구로사와는 과로로 쓰러졌고, 나중에는 대부분의 영화 제작자들에게 외면당하는 처지가 되고 말았다. 마침 일본 영화계도 불황에 빠졌다. 자신이 원하는 대로 영화를 찍을 수 없다는 절망감에 빠진 구로사와는 61세 때 자택에서 목을 매 자살을 기도한다. 다행히 자살 시도는 미수에 그쳤고, 죽음과 직면하여 구로사와는 오히려 삶의 의지를 되찾았다.

"나는 영화가 좋다. 나는 영화를 찍고 싶다. 나는 좋은 그림을 좋은 영화로 만들고 싶다."

초심을 되찾은 구로사와 감독은 병상에서 다시 일어섰다. 다시 『가게무샤』를 제작할 수 있었다. 『가게무샤』는 칸 영화제에서 그랑프리를 수상했고, 27억 엔이 넘는 흥행 수입을 올리며, 일본 영화의 신기록을 세웠다. 구로사와 감독의 인생 키워드는 '영화'이고, 내 인생의 키워드는 '책'이다.

책쓰기의 두 번째 단계는 '내 인생의 주제인 콘셉트 잡기'이다. 목차 구상은 책의 내용과 방향을 설정해 준다. 어떻게 자신과 잘 어울리는 이미지와 콘셉트의 책을 쓸 것인가?

콘셉트 잡기를 위해서는 내 인생의 숙명적인 키워드(Key Word)를 찾아야 한다.

1. 숙명적인 하나의 키워드를 찾아라

자신의 인생을 대표할 단 하나의 키워드를 찾아야 한다. 앞에서 언급한 구로사와 아키라 감독의 키워드는 '영화'이다.

스티븐 코비, 브라이언 트레이시, 루 홀츠, 아니타 로딕, 디 펙초프라 등 초일류 강사들은 한 번 강의에 3~5억 원 정도를 받는다. 그들은 리더십, 성취동기, 몸, 건강이라는 한 단어, 운명의 가닥을 잡게 해준 숙명의 키워드 하나에 최소한 6만 시간 이상을 쏟아 부었기에 그런 초일류의 경지에 오를 수 있었다.

라이트 형제의 숙명적인 키워드는 '비행'이었다. 토머스 에디슨이 선택한 키워드는 '발명'이었고, 알프레트 노벨은 '화약', 베토벤은 '피아노와 작곡', 애니카 소렌스탐은 '골프', 오프라 윈프리는 '토크쇼', 장보고는 '해상무역', 운보 김기창 화백은 '그림'이라는 키워드를 선택했다. 그리고 그 키워드에 인생의 승부를 걸었다. 운명을 건 키워드에 모든 시간과 에너지를 투자했고, 그 키워드에 관해서 만큼은 최고의 경지에 도달했다.

앞에서 예를 든 사람들에게 자신을 대표하는 키워드가 있듯이 누구에게나 자기 인생의 키워드는 있다. 나 같은 사람은 '책쓰기'와 '책코칭'이 키워드일 것이고, 산을 좋아하는 사람이라면 '등산', 봉사활동을 하는 사람은 '봉사'가 키워드이다. 이렇게 누구나 자신만이 가진 키워드를 찾고 여기에 맞춰 콘셉트를 잡는다면 책쓰기가 한결 쉬워진다.

2. 인생의 키워드를 찾는 4가지 단서

첫 번째, 신체적 특징에서 찾는다.

어떤 사람에게는 타고난 신체적 조건이 운명적인 키워드를 찾아내는 단서가 된다. 돌 튼은 색맹이라는 장애를 딛고 『색맹을 논함』이라는 논문을 내놓았다. 색맹이라는 장애를 오히려 탐구의 대상으로 삼고 꾸준히 연구하였다.

두 번째, 재능과 소질에서 찾는다.

어떤 사람에게는 천부적인 재능과 소질, 그리고 적성이 숙명적인 키워드를 찾아내는 계기가 된다.

세 번째, 취미와 취향에서 찾는다.

어떤 사람에게는 취미와 취향이 가슴 뛰는 삶을 살게 하는 숙명적인 키워드를 찾게 해주는 단서가 된다.

네 번째, 가치관과 신념에서 찾는다.

어떤 사람에게는 가치판단이 숙명적 키워드를 찾아내는 단서가 된다.

6만 시간을 투자해도 아깝지 않은 단 하나의 키워드를 찾아야 한다. 책, 골프, 축구, 분재, 요리, 여행 등, 하면 할수록 더 재미있고, 그래서 또 하고 싶고, 그러다 보니 어느새 더 잘하게 되고, 하지 않고는 배길 수 없어서 또 하는 일이어야 한다. 나에게 어울리는 미래 키워드의 다섯 가지 조건은, 독특성, 탁월성, 역사성, 불변성, 소명성이다.

인생의 키워드를 찾아내어 결정하고, 10년 법칙과 1만 시간을 투자하라!

바닥까지 파헤치고 끝까지 물고 늘어져, 당신의 삶을 집약할 하나의 키워드를 찾아내라. 당신의 미래는 그 숙명적인 키워드에 의해서 결정된다.

책쓰기 건축술 3단계 :

끌어당기는 목차 만들기

책을 쓰는 것은 집을 짓는 것과 같다고 했다. 집을 짓는 데 가장 중요한 것은 설계도이다. 그렇다면 책쓰기의 설계도는 무엇일까? 바로 목차이다. 독자들이 책을 살 때 제일 먼저 살피는 것은 제목과 표지, 그다음으로 목차를 훑어보게 된다. 목차를 보면 그 책에 어떤 콘텐츠가 담겨 있는지 한눈에 알 수 있기 때문이다. 독자들에게 강하게 어필하려면 차별화되고 독특한 목차를 구성해야 한다. 이를 위한 준비로 필독서를 읽고, 샘플도서를 찾고, 핵심 키워드를 적용하라.

"인생은 콘텐츠이다", "인생은 한 권의 책과 같다"라고 작가 장폴이 말한 것처럼, 책과 인생은 콘텐츠(내용, CONTENTS)가 있어야 한다. 그러면, 인생의 내용, 콘텐츠는 어떻게 만들어지는가? 독서가 인생의 내공을 만들어준다. 사이토 다카시는 10년 독서 내공으로 메이지대 교수, 작가, 방송인이 되었고, 오프라 윈프리, 세종, 링컨, 손정의, 정약용 등도 책을 읽으면서 인생 콘텐츠가 충실해졌다.

2019년에 원고를 써서 투고를 통해 출간된 책,『꿋꿋이 나답게 살고 싶다』(박성배 지음)의 목차를 소개하고자 한다. 이 책은 '내 인생이 행복하려면 어떻게 할까?'를 염두에 두고 착안하여 목차로 발전시켜서 완성한 책이다. 책이 출간되고 40년 독서 내공을 쌓아왔던 광화문 교보문고에서 출간 기념 특강을 했던 것은 큰 보람이었다.

● **목차 예시**

- 『꿋꿋이 나답게 살고 싶다』_박성배

■ 프롤로그 – 주연으로 사는 인생 2막을 향해

1장 미치도록 좋아하는 한 가지 일을 찾아서
  1. 나이는 숫자에 불과하다
  2. 배우는 사람은 계속 젊다
  3. 내 일이 없으면 내일은 없다
  4. 몸은 늙어도 마음은 젊은이와 똑같이
  5. 나이 드는 것은 깊어지는 것이다
  ▲ *Tip 한창 일할 수 있는 나이, 일할 수 있는 곳은 많다*

2장 나를 비추게 하는 돈의 위력

  1. 한 우물을 파야 돈이 고인다

  2. 부자가 되는 10가지 습관

  3. 부자에게 배우는 부유한 삶의 원리

  4. 북테크 고수 비법 7단계

  5. 지식을 돈으로 바꾸는 기술

  ▲ *Tip* 노마드처럼 자유롭게 살며 돈도 벌기

3장 사랑과 함께 가는 행복한 여정

  1. 배우자의 가치

  2. 그와 그녀를 변화시키는 말

  3. 5가지 사랑의 언어와 마주하기

  4. 봄날은 다시 온다

  5. 아름다운 부부는 최고의 예술작품

  ▲ *Tip* 함께하면 더 행복한 버킷리스트

4장 인생에 빛을 더하는 우정

  1. 친구가 재산이다

  2. 오성과 한음, 재치와 우정으로 나라를 지킨 충신

  3. 관중과 포숙, 서로의 발전에 보탬이 되는 관포지교

  4. 밀레와 루소, 역경에서 더 빛난 우정

  5. 류성룡과 이순신, 벗을 영웅으로 만든 우정

▲ *Tip 100세 시대 여정의 보약, 우정 테크!*

5장 취미는 인생의 여백을 아름답게 채색해 가는 희망 펜이다
  1. 걷기 예찬론
  2. 삶의 선물과도 같은 음악, 영화 그리고 미술
  3. 인생을 바꾸는 글쓰기 취미
  4. 따뜻한 그림 한 점이 주는 감동
  5. 스포츠는 인생의 축소판
  ▲ *Tip 글쓰기 미션 코칭 프로그램*

6장 인생은 사랑이 있는 단 한 번의 여행이다.
  1. 꼭 떠나야 하는 이유
  2. 책 숲 여행으로 거장을 만나라
  3. 인생 여행으로 삶의 신비에 눈 떠라
  4. 여행은 사랑하는 사람과 함께
  5. 글쓰기로 여행을 다시 만나라
  ▲ *Tip 덴마크의 행복 라이프, 휘게 라이프처럼*

7장 믿음은 모든 것을 가능하게 하는 힘
  1. 고난은 신이 주는 선물
  2. 눈물의 기도가 진주를 만든다
  3. 아픔을 통해 명품 인생으로

4. 회복탄력성을 키워라

5. 고난을 넘어 희망으로

▲ *Tip 믿음은 모든 것을 가능하게 하는 힘*

- 글을 마치며

책쓰기 건축술 4단계 :

끌어당기면서도 튼실한 콘텐츠로 확정하기

목차가 정해지면 책의 50%는 쓴 것이나 다름없다. 튼실하게 짜인 콘텐츠(Contents)를 갖춘 목차는 그만큼 독자에게 신뢰를 준다. 그래서 튼실하고 정교하게 짜인 건물의 설계도와 같은 목차를 짜야 한다. 건물의 설계도와 같은 목차가 정해져야 책을 쓸 수 있기 때문이다. 목차는 음식점의 메뉴판과도 같다. 메뉴를 보고 음식을 고르듯이, 독자들은 목차(Contents)를 보고 책을 구매한다.

1. 목차를 확정하기 위해서는 먼저 제목부터 점검해야 한다

제목은 한눈에 콘셉트(Concept)를 파악할 수 있는 내 인생의 키워드가 적용된 제목이어야 한다. 매력적인 제목을 위해서는 몇 가지를 숙고해야 한다.

1) 내 생각으로만 짜내려고 하지 않는다.

2) 서점에서 판매 중인 다양한 책의 제목을 각색한다.

3) 서점에서 판매 중인 다양한 목차를 분석한다.

4) 책 속에서 매력적인 문장을 찾아내 각색한다.

5) TV와 CF 광고의 카피 문구를 각색한다.

6) 명언을 인용하거나 각색한다.

7) 평소에 독서로 내공을 쌓고 부지런히 메모한다.

2. 목차 확정을 위한 10가지 원리

1) 핵심 키워드가 적용된 임팩트 있는 제목인가?

2) 간결한가?(Simple), 짧은가?(Short), 명확한가?(Clear)

3) 평소의 독서 내공과 메모를 적용하여 깊이 숙고하였는가?

4) 책의 내용과 맞는 목차 구성인가?

5) 복잡하고 장황한 표현은 없는가?

6) 목차가 너무 길거나 어렵게 표현된 것은 없는가?

7) 맞춤법과 띄어쓰기가 잘 되어 있는가?

8) 독자의 눈높이에 맞추어 작성되었는가?

9) 나다운 목차인가? 내가 가장 잘 쓸 수 있는 목차를 잡아야 한다.

10) 목차만 봐도 책이 사고 싶어지는 매력적인 구성이어야 한다.

좋은 목차의 예로 2024년에 베스트셀러가 된 『굿 닥터』(김태군 지음)의 목차를 들 수 있다.

● 좋은 목차 예시

- 『굿 닥터』_김태균

■Prologue_산골 소녀가 좋은 의사의 꿈을 품고 자연치료의 전문가가 된 이야기

Part1. 의사의 꿈이 현실로 이루어지다

_산골 어린 소녀가 의사의 꿈을 품고 여기까지 온 이야기

1. 어린 시절 산골에서 무슨 일을 할까 생각하다
2. 엄마의 한마디가 의사의 꿈을 품게 하였다
3. 열등감과 거듭된 실패에도 꿈을 포기하지 않았다
4. 신앙의 남편과의 결혼이 내 인생을 밝은 터널로 인도했다
5. 의과대학 재 입학 후 어려운 공부 끝에 의사고시를 합격하다
6. 의과대학을 마치기까지 많은 경제적 도움이 있었다
7. 어렵게 레지던트를 마치고 가정의학과 전문의가 되다
8. 가정의학과 전문의가 되어 처음 의사 생활을 시작하다
9. 안정적 삶을 버리고 사명을 붙잡다
10. 자연 치료의 새길을 꿈꾸며 병원을 개원하다
11. 이제 나는 자연 치료법으로 환자를 치료한다

Part2. 건강과 관련된 오해와 진실

_내 몸에는 이미 치유의 능력이 있다

1. 몸은 하나의 유기적 시스템이다.
2. 내 몸을 관리하는 주치의는 내 몸 안에 있다.

3. 병은 하루 아침에 생기지 않는다.

4. 병에는 반드시 근본원인이 있다.

5. 현대의학인가, 자연의학인가

6. 의사는 몸이 스스로 치료할 수 있도록 돕는 자이다.

7. 장이 건강해야 몸도 건강하다.

8. 장이 건강해야 마음과 인지기능도 건강하다.

9. 소금에 대한 오해를 풀자

10. 잠과 운동을 대신할 약은 없다.

11. 바른자세는 건강을 위한 기초공사와 같다

12. 컨트롤 타워는 마음이다

Part3. 변화의 주인공들이 자연치유의 효능을 증거한다
_자연 치료는 난치병 환자들에게 기적을 선물해 주었다!

1. 아토피 피부염이 깨끗이 치료되다

2. 족저근막염이 치료되어 건강을 되찾다

3. 치매가 회복되어 일상의 행복을 되찾다

4. 수액 치료로 자연 치료의 기적을 경험하다

Part 4. 굿닥터 김태균원장의 자연치유 프로그램
_자연치유가 난치환자를 살린다!

1. 수액 치료

– 세포건강을 위한 기본 환경, 간질액

– 나트륨이 안 좋다는데 그렇게 많이 먹어도 되나

2. 해독 치료(닥터 셀톡스)

- 치료의 시작, 해독

- 면역력과 해독의 열쇠, 장내미생물

- 몸을 새롭게 하는 공복의 놀라운 해독재생 효과

- 굿 닥터 김태균 원장의 해독치료, 닥터 셀톡스

3. 온열치료

- 체온과 건강

4. 혈관혈액 치료

- 생명을 운반하는 혈액

- 혈관·혈액 건강을 위한 킬레이션 치료

5. 바른 자세 치료

- 발의 중요성

- 바른자세 회복을 위한 발교정구 활용

■ Epilogue_내 몸을 믿어라!!

책쓰기 건축술 5단계 :

> **감동 스토리가 담긴
> 프로필과 프롤로그 쓰기**

저자 프로필은 책의 내용에 맞는 매력적이고 감동적이어야 한다. 프롤로그에는 책을 왜 쓰는지, 어떤 내용을 쓰는지를 적어야 한다. 저자 프로필과 프롤로그는 책의 주제와 맞는 내용이어야 한다.

1. 저자 프로필

저자 프로필을 작성할 때는 자신의 이력과 함께 꿈과 비전, 지향하는 목표, 가치관, 인생관 등이 눈길을 끌 수 있도록 써야 한다. 현재 당신이 하는 일은 무엇이며, 어떤 일에 열정과 노력을 쏟고 있는지 강력하게 전달해야 한다.

출판사는 출간 제안서 가운데 저자 프로필을 가장 먼저 본다. 간혹 프로필만으로도 계약되는 경우가 있을 정도로 저자 프로필은 아주 중요하다. 저자 프로필을 쓸 때는 개성이 돋보이도록 매력적으로 써야 한다.

2. 저자 프로필 작성의 7가지 실전 노하우

1) 책의 내용과 상관없는 프로필까지 상세히 나열할 필요는 없다.
2) 독자에게 전달하고 싶은 자신만이 쓸 수 있는 프로필을 써야 한다.
3) 남들과 차별화되는 스토리와 자신만의 강점을 풀어서 쓰면 좋다.
4) 출판사는 멀티가 가능한 저자를 원하므로 강연, 인터뷰, 언론에 노출된 경력, 강연 경력 등을 기록하여 자신의 능력을 보여 줘야 한다.
5) 이력서 같은 프로필은 출판사의 눈길을 사로잡을 수 없다.
6) 독자는 책을 구입할 때, 저자 프로필을 가장 먼저 살펴보기 때문에 위기와 시련을 극복한 스토리로 독자의 가슴에 감동을 주어야 한다.
7) 매력적인 베스트셀러 작가들의 저자 프로필을 참고하여 써라.

● 저자 프로필 예시

- 『파리에서 도시락을 파는 여자』_캘리 최(Kelly Choi)

유럽 10개국에서 매장이 며칠 만에 한 개씩 만들어지고, 창업 7년 만에 연 매출 5천억 원이라는 고속 성장을 이룬 글로벌 기업, 캘리 델리(Kelly Deli)의 창업자이자 회장이다. 현재는 누구나 부러워할 만한 성공을 이룬 여성 사업가로 살아가고 있지만, 수년 전 첫 사업의 실패로 10억 원의 빚더미에 앉아 후배와 만난 자리에서 '저 커피값은 누가 내는 거지?'라고 고민했을 만큼 힘겨운 나날을 보내기도 했다.

마흔이 넘은 나이에 무일푼으로 인생 2막을 새롭게 시작하기로 마음먹고, 2년간 할 수 있는 모든 준비와 공부는 다 했다. 그렇게 치열하게 사업 공부에 매진하며 세운 회사, '켈리 델리'는 2017년 현재 유럽 10개국에 700여 개의 매장이 있으며, '100년 기업'이 되기 위한 혁신 시스템을 구축해나가고 있다. 그녀는 '행복'을 1순위로 삼고 이를 기업 문화에도 적용하여 자신과 가족뿐 아니라 직원, 가맹점주, 파트너사, 고객, 그리고 나아가 전 인류까지 행복하게 만들려는 방법을 늘 고민하며 이를 실천하고 있다.

3. 감동을 주는 프롤로그(서문, Prolog) 쓰기

출판사와 독자들은 제목을 먼저 보고, 목차를 살핀다. 그리고 제목과 목차가 마음에 들면, 그다음 가장 많이 살피는 것이 바로 '프롤로그'이다.

1) 프롤로그에는 반드시 왜(Why?) 이 책을 독자들이 읽어야 하는지와 무엇(What)을 쓴 책인지를 기록해야 한다. 이 두 가지가 명확해야 독자들이 책을 구입하게 된다.

2) 독자들이 책의 내용을 한마디로 꿰뚫어 알 수 있는 강렬한 문장으로 써야 한다. 간결하고, 쉬우며, 잘 이해가 되는 문장으로 기록해야 한다. 프롤로그가 길면 잔소리가 된다.

3) 프롤로그를 쉽게 시작하는 방법은 '멋진 인용구로 시작하는 것'이다.

4) 아주 강렬한 에피소드로 시작하는 것도 좋다.

5) 프롤로그는 면접이나 첫 만남 같은 것이기 때문에, 책의 첫인상을 결정한다.

6) 프롤로그는 제대로 된 책의 첫 부분이다. 문장력을 알 수 있

는 첫 부분이며, 이 책의 내용의 방향, 콘셉트와 스타일, 작가의 사상과 철학 등을 알 수 있는 부분이다. 그래서 프롤로그는 책의 구매 결정에 매우 중요하다.

7) 프롤로그는 독자를 유혹하고, 감동을 주는 매력적인 문장이어야 한다.

8) 독자를 유혹하기 위해서 기적, 새로운, 혁명적인, 주목할 만한 등의 마법의 단어를 사용하라.

9) 질문으로 시작하라.

10) 결론부터 써라.

11) kiss 기법을 활용하라(Keep it simple, stupid!). 멍청이도 이해하게 쉽게 써라.

12) 프롤로그는 처음으로 독자와 만나는 공간이므로 첫 만남의 언어는 쉽고 간결해야 한다. 그래야 독자가 선택할 수 있다.

13) 책의 전체 내용을 '한 문장으로 요약'하여 써야 한다.

● 프롤로그의 예시

- 『꿋꿋이 나답게 살고 싶다』_박성배

주연으로 사는 인생 2막을 향해

사람들은 흔히, 살기 힘들지만, 열심히 살아야 한다고 한다. 그리고 아무리 열심히 살아도 삶이 바뀌기는커녕 더 어렵고 힘들다고 한다.

나 역시 빚과 이자로 죽을 만큼 힘든 시기가 있었다. 그런데 천만다행인 것은 그 어렵고 힘든 시기에 책을 읽기 시작했다는 것이다. 집 근처 도서관을 비롯한 서재에 꽂힌 3,000여 권의 책을 필사적으로 읽고, 밑줄을 그으면서 읽고 또 읽으며 내공을 쌓기 시작하였다. 그야말로 살기 위해서 읽는 생존 독서였다. 지난 10년간 책을 먹고 살았다고 할 만큼 책 읽기는 내 인생이 바닥에서 다시 일어나는 데 밑바탕이 되어 주었다.

생존 독서를 통해서 재기한 후, 2010년부터 책쓰기를 시작하였다. 많은 책을 읽어서인지 자연스럽게 쓸 수 있었다. 책을 읽으면서 좋은 문장을 필사하다 보니, 나만의 글쓰기가 시작되었다. 2010년에 시작한 페이스북에 글을 쓰기 시작하면서 페이스북 친구들과 함께 첫 책인 『한 걸음 더』를 출간하면서 지금까지 10권의 책을 출간하였다. 출간하면서 인생이 다시 시작되는 기적을 체험해가고 있다. 마치 정약용이 강진에 유배 간 이후, 18년간 인생의 고민과 과제를 책으로 썼듯이, 나도 내 인생에 닥친 문제들을 책으로 쓰고 출간하면서 인생의 도약을 경험하게 되었다. 11번째로 쓰고 있는 이 책은 사랑하는 사람과 함께 행복하게 100세 시대를 살아가기 위한 지침서이기도 하다. 분명히 이 책이 그러한 행복한 미래를 완성해나가는 데 이끌어 줄 것이다. 기적이 계속 일어난 것은 책쓰기를 통해서였다.

책을 읽으면서 내공이 쌓였고, 책을 쓰고 출간하면서 이름이 알려지기 시작했다. 그 후 강의할 수 있는 길이 열렸다. 지금까지 10권의 책을 출간하면서 수많은 강의를 하였다. 교회, 대학교, 기업체, CBS 방송아카데미, 교보문고 등에서 출간과 함께 강의했다. 출간 초창기인 2010년에는 강의가 많지 않았지만, 점점 더 비중 있는 콘텐츠를 출간하면서 강의 요청도 많아졌다. 강의 기술도 점점 더 발전하였다. 내가 쓴 책을 주제로 강의한다는 것은 행복 중의 행복이다. 나는 앞으로도 계속 좋은 콘텐츠의 책을 쓰면서 강의할 생각이다.

나이는 숫자에 불과하며, 마음먹기에 따라 무언가를 새롭게 시작할 기회가 무궁무진하다는 것을 독자들은 부디 깨달았으면 좋겠다. 이 책에서 제안하는 행복한 인생 후반전을 위한 일곱 계단의 희망 로드맵으로 다시 독자의 가슴 속에 열정과 삶의 의지가 피어나길 바란다. 일곱 가지의 로드맵의 시작은 나 자신을 위로하고 격려하기 위해서였지만, 조금 더 나아가 동시대를 살아가는 이 땅의 모든 사람을 위로하고 응원하기 위한 희망가이기도 하다.

이 책의 구성은 '일, 돈, 사랑, 우정, 취미, 여행, 믿음'으로 쓰였다.

첫 번째는 '미치도록 좋아하는 한 가지 일'을 하면서 살아가는 것이다. 사회에서 요구하는 기준에 도달하기 위해, 오로지 참고 또 버티는 것만이 바람직한 직장인의 표상이 되어 버린 지 오래다. 일은 곧 나의 정체성이다. 대부분의 사람이 깨어 있는 시간의 절반 이상을 일하면서 보내는데, 일이 지겹고 일하는 의미를 찾지 못하면 인생의 절반을 허무하게 버리는 것과 같다. 좋아하는 일을 하면서 사는 것이 인생 최고의 행복임을 이야기하고자 한다.

두 번째는 자신을 나타내는 데 그 어느 것보다 쉬운 돈의 위력이다. 돈 없이도 행복하게 살 수는 있지만, 빚과 가난에 허덕이며 사는 것보다 여유 있게 사고 싶은 것이 많은 사람의 소원이다. 돈의 진정한 의미와 부자로 산다는 것의 진정한 의미에 대해 생각해 보고자 한다.

세 번째는 사랑과 함께하는 행복한 여정이다. 인생 여정은 사랑하는 사람과 함께하면 더 행복할 수 있다. 남녀가 함께 어우러져서 인생의 후반전을 진정으로 사랑하고 이해하면서 소소한 행복을 찾아가는 방법을 이야기하려고 한다.

네 번째는 인생에 빛을 더하는 우정을 제대로 만들지 못했다면,

후반전에는 진정한 친구를 만들어 행복한 여정을 함께 해야 한다. 100세 시대의 보약과도 같은 진정한 친구의 조건, 진정한 우정을 만들기 위한 우정 테크를 설명하고, 지켜나가기 위한 방법들을 제안하였다. 글을 쓰면서 친구들의 얼굴을 떠올리며, 새삼 우정의 소중함을 깊게 느꼈다. 우정의 의미를 깊이 돌아볼 수 있음에 감사할 따름이다.

다섯 번째는 좋은 취미는 인생의 여백을 아름답게 채색해 가는 희망의 펜이라고 할 수 있다. "나이를 먹었다는 것은 이미 새로운 일이 시작되었다"라는 뜻이라는 괴테의 말처럼 생업에 미뤄두었던 공부나 취미 등 하고 싶었던 일이나 새로운 일을 시작하기에 좋은 때다.

여섯 번째는 인생은 사랑이 있는 단 한 번의 여행이다. 사람은 여행을 통해서 진정으로 많은 배움을 얻고 행복을 느낄 수 있다.

일곱 번째는 믿음은 모든 것을 가능하게 하는 힘으로, 어리든 늙었든, 가난하든 부자이든 인간은 태어난 순간부터 누구나 지구별 나그네다. 한 번 왔다가 가는 인생이다. 그러나 믿음이 있는 지구별 여행자는 고난 속에서 행복을 찾으며, 고난을 감사한 마음으로 극복하고 이겨낼 힘이 있다.

나는 글을 한 줄씩 써나가면서 위로가 되고 무한한 행복을 느낀다. 그리고 이 책에서 제시하는 일곱 가지 행복 로드맵을 따라가며 행복한 인생 2막을 다시 시작하게 될 독자 여러분을 만날 생각에 벌써 가슴이 설렌다.

"한 권의 책이 세상을 바꾼다"라는 말이 있다. 이 책이 누군가에게 위로와 희망의 책이 되었으면 좋겠다. 그리고 더 나아가 이 책을 읽고 많은 사람들이 책을 썼으면 좋겠다. 그리하여 책쓰기를 통해 사람들이 비전을 제시하고 그 비전으로 이 세상을 바꾸는 책이 되었으면 좋겠다. 독자들이 이 책을 통해 최선을 다해 행복한 인생을 살고 더 넓은 세상을 만나길 바란다.

독자 여러분을 이 책의 여행 속으로 초대한다. 이제 특별한 행복 여행을 시작해보자! 지금은 평균수명 연장으로 누구나 건강관리를 잘하면 100세까지 사는 백세 시대다. 그래서 필자는 환갑에 다시 희망찬 인생 후반전을 시작하고자 이 책을 쓰면서 다짐한다.

책쓰기 건축술 6단계 :

> 한 권의 책은 제대로 된
> 한 꼭지에서 시작된다

가장 중요한 '한 꼭지 쓰기'를 통해서 전체 내용의 방향을 잡는다. 한 꼭지 쓰기는 책 전체 쓰기와 같다. 독자는 책을 구입하기 전에 대개 한 꼭지를 읽어 보고 구매를 결정하기 때문이다.

1. 한 꼭지 쓰기 샘플 원고 작성을 위한 고려사항 10가지

한 꼭지 쓰기 샘플 원고는 초고를 끝마칠 때까지 내비게이션 역할을 하며 원고에 대한 감을 익힐 수 있게 이끌어준다.

1) 한 꼭지 분량인 A4 용지 2페이지~4페이지로 원고 분량이 적당한가?
2) 서론, 본론, 결론의 흐름이 일맥상통하고 명확한가?
3) 꼭지의 제목인 주제와 원고 내용이 일치하는가?

4) 적절한 사례로 말하고자 하는 바를 뒷받침했는가?
5) 내용이 흥미로워 읽는 독자의 호기심을 자극하는가?
6) 문맥 흐름이 매끄러워 막힘 없이 술술 익히는가?
7) 정확한 출처, 맞춤법과 오타를 마지막까지 확인했는가?
8) 꼭지가 긍정적이고 생산적인 메시지로 마무리되었는가?
9) 말하듯이 언급한 구어체가 있지는 않은가?
10) 계속 반복되는 어휘 표현이 있진 않은가?

● 한 꼭지 쓰기 예시

- 『일어나다』_박성배 中

쉬지 않는 열정이 최후의 승리를 만든다

성공이란 열정을 잃지 않고 실패를 거듭할 수 있는 능력이다.

— 윈스턴 처칠

실패 속에서도 최후에 성공한 사람들의 특징은 쉬지 않는 열정을 지녔다는 데 있었다. 쉬지 않는 열정은 결국 실패를 태워버린다. 내가 하는 일을 사랑하며 그것에 정열을 불태울 때는 비록 작은 것이라 할지라도 위대한 것을 이룰 수 있다. 다음에 나오는 사람들의 공통점은 쉬지 않는 열정으로 최후에 승리한 진정한 삶의 승리자들이다.

레오나르도 다빈치는 세기의 위대한 미술가로 명성을 떨치기까지는 남다른 열정이 그에게 있었다. 그는 『최후의 만찬』의 한 작품을 위해 무려 10년에 걸쳐서 그림에 열중한 나머지, 어떤 때는 밥을 먹는 것조차 잊어버렸다고 한다.

하이든은 많은 역경을 겪으면서도 800개의 곡을 작곡한 대작곡가이다. 그의 작품 중에 불후의 명곡인 창세기의 성경 내용을 그린 『천지창조』는 나이가 지긋이 든 66세에 발표한 곡이었다.

베이브 루스는 미국의 영원한 홈런왕이라고 불리는 그는 삼진 아웃을 가장 많이 당한 선수였다. 이전에 삼진왕이라는 불명예의 명칭이 따라다녔던 그는 끊임없는 노력으로 결국 홈런왕이 되었다.

일리사 오티스는 기계공으로 자기가 계획했던 일을 네 번이나 하였으나 계속 실패하였다. 다섯 번째 도전하여 성공하였는데, 그것은 고층빌딩에서 사용하는 엘리베이터였다. 그것의 발명으로 고층빌딩에 엘리베이터가 생기게 되었다.

아이작 싱어는 셰익스피어 연극에서 별로 신통치 못하던 배우로 일하다가 그만두고 재봉틀 만드는 일을 시작하였는데, 그 성공으로 유명한 '싱거 재봉틀'이 탄생하게 되었다.

조지 이스트만은 은행 말단 직원으로 일하다가 취미를 살려 회사를 설립하였다. 그 회사가 바로 세계적으로 유명한 '코닥 필름' 회사이다.

로우랜드 메이시는 사업에 큰 뜻을 품고 도전했지만, 거듭 실패하였다. 그가 다섯 번째 도전하여 성공한 회사가 바로 세계 처음으로 등장한 현대식 백화점인 뉴욕의 '메이시' 백화점이다.

윌 켈로그는 빗자루를 만드는 공장에서 매니저로 일하였다. 그는 옥수수를 튀겨 아침 식사로 콘플레이크를 만들어 먹었는데, 그것이 나중에 유명한 아침 식사 대용품으로 인기를 끌고 있는 '켈로그 콘플레이크'이다.

스스로 다짐을 하기 위해, 실패하면서도 끝까지 열정을 품었던 사람들을 적어 보았다. '실패를 계속할 수 있는 능력'은 쉬운 말은 아니다. 그러나, 최후에 승리한 사람들은 실패하면서도 절대 포기하지 않았던 사람들이다.

책쓰기 건축술 7단계 :

> **몰입과 혼신의 힘으로
> 초고를 완성하라**

한 꼭지 쓰기 샘플 원고를 통해서 전체 원고의 방향을 잡았다면, 한 꼭지 수정 및 초고 완성을 빨리해야 책 한 권을 쓸 수 있다. 마라톤에서 데드 포인트(Dead Point)를 지나야 결승선에 골인할 수 있듯이, 책쓰기도 초고 쓰기를 잘 마쳐야 책을 통해서 인생을 멋지게 브랜딩할 수 있기 때문이다. 처음 책을 쓰는 이들이 가장 많이 힘들어하고 포기하는 지점이 바로 초고를 완성하는 일이다. 초고는 보통 2~3개월 안에 마쳐야 하는데, 원고 쓰는 일에 집중하지 않으면 초고를 마치기 어렵다. 초고를 쓸 때는 가급적이면 모든 약속은 취소하고, 초고 쓰는 일에만 몰입해야 한다.

초고를 마치는 일을 마라톤에 비유할 수 있다. 마라톤 용어 중에 데드 포인트(Dead Point)가 있는데, 선수가 자신의 코스를 열심히 달리다 숨이 막혀 더는 달릴 수 없는 극한 순간을 말한다. 마라톤 거리는 보통 42.195km로 알려져 있다. 고도로 훈련된 선수가 아니면 이 달리는 도중 데드 포인트를 넘기지 못하고 달리기를 포기하게 된다. 그래서 이 데드 포인트를 극복하는 것이 마라톤 선수에게는 매우 중요한 훈련이다.

데드 포인트를 어떻게 극복하느냐는 비단 체력의 문제만은 아니다. 즉 정신 문제이기도 하다. 레이스를 펼치는 마라토너가 어떤 정신 상태와 마음가짐을 가지고 있느냐에 따라, 데드 포인트를 넘길 수도 있고 중도에 포기할 수도 있다. 중요한 것은 마라토너가 데드 포인트를 지나면서 다시 힘이 나고 마음이 편안해진다는 것이다. 바로 이 변화의 순간이 기록을 단축할 수 있는 기회라고 마라토너들은 말한다.

데드 포인트, 절망과 고통의 시간이 지나면 리빙 포인트(living Point), 생명의 시간이 찾아온다고 한다. 이 리빙 포인트를 잘 활용할 줄 아는 선수가 금메달을 목에 걸고 역사에 길이 남을 사람이 될 수 있다. 마라톤과 책쓰기가 닮은 점이 여기에 있다. 책을 쓰다 보면 여러 번 데드 포인트를 만나게 된다. 책쓰기를 마치지 못하고, 중도에 포기하는 경우도 있다. 우리는 책쓰기 마라톤에서 끝까지 완주해서 초고를 완성하고, 한 권의 책을 출간하여 자신의 인생을 멋지게 브랜딩할 수 있어야 한다. 책을 쓰면서 마음속에 자신의 인생이 책과 함께 아름답게 브랜딩된다는 꿈과 희망을 품어야 한다.

1. 2-3개월 만에 초고 완성하기 십계명

1) 초고 완성 날짜를 선언한다.
2) 초고가 완성되면 수고한 자신에게 선물로 보상하라.
3) 초고 완성은 집필을 시작하고 2-3개월을 넘겨서는 안 된다.
4) 열정이 식기 전에 추진력과 집중력을 가지고 초고를 완성해야 한다.
5) 다이어리에 초고 완성 날짜를 표시하고, 꼭지 쓰기 세부 계획을 세운다.
6) 모든 초고는 크로키이므로, 수정과 탈고를 전제로 빠르게 완성해야 한다.
7) 어깨에 힘을 빼고 원고를 채운다는 심정으로 초고를 시작하고 완성해야 한다.
8) 우선 한 줄을 쓰기 시작하면서 책쓰기에 탄력이 붙어야 한다.
9) 책 한 권의 초고는 폰트11, 자간 160, A4 120페이지 정도의 분량이 적당하다.
10) 초고를 쓰는 동안은 모든 우선순위를 초고 쓰는 일에 두라.

2. 초고를 다섯 번 탈고하며 원고 다듬기

1) 탈고는 초고 원고를 수정하고 보완해나가며 고치는 작업이다.
2) 탈고는 다섯 번 정도 하면서 공을 들일수록 원고의 완성도가 높아진다
3) 탈고를 마치면 출간 계획서를 첨부해서 출판사에 투고해야 한다.
4) 초고를 완성하고 1주일에서 10일 정도는 쉬면서 본격 탈고를 준비한다.
5) 정확한 출처, 문맥 흐름, 사례, 맞춤법, 어휘 등을 꼼꼼히 점검한다.
6) 탈고 1단계는 전체적으로 쭉 읽어나가면서 '술술 읽히는 글'로 만든다.
7) 탈고 2단계는 각 꼭지의 맞춤법, 내용, 문맥 등을 세밀하게 살펴본다.
8) 탈고 3단계를 각 꼭지의 사례를 적절성을 살펴보고 업그레이드해야 한다.
9) 탈고 4단계는 출처, 분량, 오타 등 전체적으로 체크하면서 완성한다.
10) 탈고 5단계는 출간 계획서와 출판사에 투고할 내용의 글을 쓴다.

책쓰기 건축술 8단계 :

> 빈틈이 없어야 할 에필로그,
> 출간기획서, 출간 후 마케팅

지금까지 책쓰기 단계를 차례대로 설명했다. 이제 원고를 마치고 쓰는 에필로그가 필요하고, 출판사 투고에 필요한 출간기획서를 작성해야 한다. 출간 후에는 책 홍보를 출판사에만 맡기지 말고 저자로서 할 수 있는 홍보도 해주면 좋다. 자신의 인생을 담아 힘들게 쓴 책인데 한 독자라도 더 만난다면 저자로서는 좋은 일 아니겠는가.

이 세 가지를 차례대로 알아보자.

1. 에필로그 쓰기

에필로그는 책을 쓰면서 독자들에게 당부하는 한 줄 메시지와 같다. 책을 쓰면서 느낀 감사와 최종 메시지로 요약하며 끝맺는 말이다.

에필로그 쓰는 방법

1) 에필로그는 원고를 마치고 쓰는 감사의 글이다.
2) 에필로그에도 멋진 제목을 달아주자.
3) 에필로그의 분량은 A4 2~3페이지로 정하여 그 이상 길지 않게 쓴다.
4) 에필로그의 마지막은 영화의 엔딩처럼 여운과 감동을 주는 문장을 남겨라.
5) 책을 쓰는 데 도움을 주신 분들과 출판사 등에 구체적 감사를 표하라.

● 에필로그의 예시

- 『꿋꿋이 나답게 살고 싶다』_박성배

■ 글을 마치며

고생 다음에 찾아올 영광을 바라보라

90세 생일을 맞은 교육학자인 존 듀이는 한 청년에게서 "어떻게 살아야 당신처럼 위대해질까요?"라는 질문을 받았다. 그 질문에 그는 이렇게 답한다.

"산에 오르게. 그리고 산에 올라 다시 올라갈 다른 산을 보게. 그러다 더 산에 오를 흥미가 없어지면 죽을 날이 가까이 온 걸세."

꿈과 목표, 비전이 없으면 살 가치가 없다는 말을 은유적으로 표현한 것이다. 사람은 무엇을 향해 사느냐에 따라, 그 삶이 결정된다. 더욱 높은 곳, 더욱 옳은 것, 더욱 바른 것을 쫓고, 꿈을 이루며 살아야 한다. 땅만 보고 살다가 땅 위에서 죽을 것인가, 높은 하늘과 정상을 쳐다보며 살다가 정상을 소유하는 리더가 될 것인지는 그 사람이 어떤 마음을 먹느냐에 따라 결정되는 것이다.

눈앞에 새로이 펼쳐질 당신의 인생 2막을 위하여!
책쓰기를 시작하면서 저자인 나 자신이 행복하게 살고자 하는 소망을 담아서 쓰기 시작했다. 그런데, 원고를 완성하면서 그 소망은 점점 더 커졌다. 이 글을 읽는 이 땅의 모든 40대 이후의 중년들이 희망을 품고 다시 일어났으면 하고 소원하게 되었다.

모두 살기 힘들다고 말한다. 나 역시 살기 힘들다는 말을 버릇처럼 입에 달고 살았던 적이 있었다. 그러나 내가 좋아하는 일을 하게 되면, 그 일을 통해서 만들어지는 여러 가지 유익한 점들이 있다. 경제적 여유, 그리고 사랑하는 사람과 함께 가는 인생 후반전의 행복, 그리고 삶의 여정을 함께 할 좋은 친구들, 인생 후반전의 여백을 아름다운 무지개 색깔로 채색해 줄 취미들, 그리고 이 땅의 어느 곳이든지, 그리고 세계 어느 곳이나 지구촌 노마드로 여행하면서 살아갈 수 있는 행복, 그리고 영원을 향해 가는 믿음 있는 사람들과 함께 하는 삶의 여정이다. 이 책을 통해서 어떤 깨달음을 얻었는가?

멋진 인생의 후반전이 눈앞에 그려졌길 바란다.

고마운 마음을 담아

책을 쓰는 것만으로도 감사한데, 책 원고를 저자의 정성보다도 더 성의껏 다듬어서 출간을 해주시는 출판사 대표님과 관계자 여러분께 진심으로 감사의 말씀을 드린다. 이 책이 많은 사람들에게 읽혀서 선한 영향력을 끼칠 수 있기를 바란다. 하나님께 감사드리며, 이제 다음 발걸음의 축복된 만남을 기다린다.

2019년 5월
당신이 따뜻해서 봄이 왔습니다
박성배

2. 출간기획서 쓰기

1) 출간기획서는 자신이 쓴 원고를 출판사에 투고하기 위해 쓰는 것이다.
2) 자신의 원고 내용과 특성을 잘 표현하여 출판사가 매력을 느끼도록 쓴다.
3) 과장이나 허위로 쓰지 말고, 정확한 사실에 근거해서 정직하게 써야 한다.

출간기획서에는 다음과 같은 내용을 넣어야 한다.

책 제목, 저자 프로필(이름, 연락처, 이메일), 저자의 기획 의도, 핵심 독자층, 책의 핵심 주제, 책의 고유 경쟁력, 책의 핵심 가치, 저자의 홍보 마케팅 계획, 출간 희망 시기, 책의 목차와 한 꼭지 샘플 등이다.

● 출간기획서 예시

1. 주제	
제목	책쓰기는 최고의 인생브랜딩이다(가제)
부제	코로나 시대를 넘어 100세 시대, 현역으로 살아가는 기술
핵심 메시지	한 권의 책을 쓰면서 최고의 인생으로 브랜딩한다.
2. 저자 프로필 (학력, 경력, 저서, 연락처)	

저자 박성배
1. 연락처: 010-****-89**
2. 학력: 연세대학교 연합신학대학원(역사 전공), 장로회신학대학원(선교학 박사), 영국(지도자 과정). 스위스(훈련과정)
3. 경력: CBS 방송아카데미 교수
4. 저서: 〈일어나다〉, 〈한국이 온다〉 등 다수

	3. 원고의 특징
1. 저자의 콘텐츠	2009년부터 현재까지 도서관과 서재에서 1만 여권의 책을 읽고 내공을 쌓았다. 그 힘으로 13권의 책을 쓰고, 강의와 방송을 하면서 책코칭을 하고 있다. 저자 자신이 꽉 찬 콘텐츠의 주인공으로서 날마다 성장하는 작가이다. 10년의 습작을 통해서 본격적인 책쓰기와 코칭을 하고 있는 작가이다.
2. 책 내용(목차)의 알찬 구성	CBS 방송아카데미 교수로서 강의한 경험과 책쓰기 코칭의 풍부한 경험을 바탕으로, 책쓰기에 꼭 필요한 알찬 내용으로 책의 목차를 구성하였다. 13권에 달하는 출간 경험과 풍부한 독서 경험을 바탕으로 원고를 정리하여, 누구나 쉽게 이 책 한 권으로 책쓰기를 하는 데 부족함이 없도록 하였다.
3. 자기계발과 인생 브랜딩	책쓰기는 이제 하나의 자기계발이자 100세 시대에 자기 인생을 다시 쓰는 최고의 인생 브랜딩임을 다양한 사례와 깊이 있는 글로 알려준다. 이는 독자의 도전을 자극하여 책을 읽는 것에소 끝나지 않도록 한다.

	4. 원고 소개
기획 의도	책을 읽고, 책을 쓰면서 자기 자신을 재발견하고 100세 시대에 자신의 인생을 브랜딩하는 과정을 돕는다.
이 원고의 차별점	저자 자신의 체험과 책쓰기 전문 코치로서의 전문성을 담아 누구나 쉽게 책쓰기에 도전하도록 안내한다.

대상 독자	책 읽기와 책쓰기에 관심 있는 사람, 특히 은퇴와 함께 인생 2막을 준비하는 중장년층을 대상으로 한다.
홍보 문구(카피)	한 권의 책을 쓰는 것은 내 인생을 다시 쓰는 과정으로 인생을 브랜딩하는 최고의 방법이다.
원고 분량 (원고지 매수)	A4 11포인트 115페이지 정도.
5. 마케팅	
마케팅 전략	출판사 마케팅과는 별개로 저자로서 탈고 시점부터 개인 SNS 채널로 알리고, 출간 후부터는 자체 홍보 이벤트, 출판기념회, 그 외 교류하는 블로거들의 서평, 활동하는 온라인 카페·밴드 등의 회원, 소속한 단체와 모임의 회원 홍보 등, 다양한 방법으로 홍보하고 마케팅한다.
홍보 매체	블로그, 페이스북, 인스타그램 등 개인 채널, 지인 유튜브 채널, 극동방송, 신문, 온라인 매체 등

3. 마케팅 계획

1. 저자가 글만 쓰면 되던 시대가 아니므로 스스로 마케팅 마인드를 지녀야 한다.
2. 출판 시장 역시도 온라인으로 옮겨가는 만큼 온라인 마케팅을 잘해야 한다.
2. 책의 홍보를 위해서 블로그를 운영하고 소통하는 많은 이웃을 확보하면 좋다.
3. 운영하는 개인 SNS 계정을 통해 홍보하고, 방송, 신문 등도 적극적으로 활용해야 한다.
4. 출판기념회나 강연회나 사인회 등을 하고 행사 후에는 저자는 물론 참석자들이 후기를 올려서 입소문 효과를 내면 좋다.
5. 서평단 모집으로 도서를 제공하고 온라인서점이나 블로그에 리뷰를 쓰도록 해 책에 대한 평가를 받아보고 다른 독자의 선택에도 도움을 주도록 한다.
6. 베스트셀러는 저자와 출판사의 노력으로 만들어진다는 사실 잊지 말자.

책쓰기 팁

코칭을 받으면 책쓰기가 쉬워진다!

나도 책쓰기 코칭을 받았다

나는 2017년에 K 작가로부터 책쓰기 코칭을 받았다. 당시에는 파산하고 경제적으로 정말 힘들 때였다. 그러나 책 쓰는 법을 알고 싶은 열망이 컸기 때문에 코칭을 받았다. K 작가를 알게 된 것은 영종도서관에서 그의 책을 읽고 공감을 하고 있었던 찰나에 그의 강의 소식을 SNS에서 접했기 때문이었다. 광화문 교보문고에서 강의하고 난 K 작가에게 부탁을 해서 일대일 코칭을 받게 되었다. 내게 코칭을 해주던 K 작가 역시 나처럼 도서관에서 일 만 여권의 책을 읽고 30여 권의 책을 썼기에(2025년 현재는 100여 권이 넘는 책을 썼음) 공감할 수 있어서 좋았다. 코칭을 받고 내가 출간한 책은 『한국이 온다, 가나북스, 2017』였다. 코칭을 받고 책을 출간하고부터는 내게도 본격적인 코칭의 길이 열렸다.

코칭을 하게 되다

내가 처음으로 코칭을 한 책은 권선희 저자의 『나를 넘어 꿈을 넘어, 블루웨이브, 2016』이다. 내가 힘들 때 경제적으로 도움을 준 권선희 저자에게 은혜를 갚겠다고 시작한 책이 첫 결실을 맺었고, 첫 코칭 후에 계속해서 코칭의 길이 열렸다. 2016년에 히즈북 방송 프로그램을 진행하면서, 많은 분을 만났고 자연스럽게 코칭의 길이 확장되었다. 본격적인 외부 코칭은 7번째 책인 『한국이 온다』를 출간하고부터 시작하게 되었다.

코칭을 받으면 책쓰기가 쉬워진다
 이 책을 읽는 독자 중에 한 권의 책을 쓰고는 싶은데 구체적으로 어떻게 해야 할지 망설여지는 분들은 주저하지 말고 내가 K 작가에게 연락을 해서 코칭을 받고, 책을 출간했던 것처럼 저자 프로필에 있는 내 연락처로 연락을 주기 바란다. 책쓰기가 쉬운 것 같아도 혼자 하려다 보면 힘들다. 그래서 책쓰기 코치의 도움을 받아 책을 쓰면 책쓰기가 쉬워진다. 내가 코칭을 했던 책의 명단은 부록에 보면 자세히 알 수 있다. 용기를 내서 코칭을 받고 책을 출간하면 내 인생이 달라질 것이다. 책쓰기는 내 인생에 기적을 경험하는 최고의 인생 브랜딩이다.

박성배의 코칭 스토리
 2021년 10월 27일, 밥북에서 출간한 『내 인생을 다시 쓰는 책쓰기』를 교과서로 삼아 코칭에 집중했다. 그렇게 집중하여 코칭한 결과 80 여권의 책을 코칭하게 되었다(코칭 도서 주요목록은 책표지 날개 부분 참고).

2015년, 내 책을 5권 정도 썼을 무렵 극동방송에서 책 관련 프로그램인 <히즈북, HIS BOOK> 영상 칼럼을 진행하는 행운을 얻었다. 10년이 넘도록 도서관에서 많은 책을 읽은 후에 진행한 <통일을 앞당겨 주소서> 프로그램이 성공적으로 진행된 후에 제안받은 중요한 프로그램이었다. 히즈북 영상 칼럼은 극동방송 전국 13개 방송사에서 동시에 나갔고, 히즈북 진행과 함께 책으로만 만났던 영향력 있는 작가들도 인터뷰할 수 있었다. 첫 책이 80만 부가 판매된 N작가, 교수 생활의 끝자락에 쓴 책이 150만 부가 판매된 K교수 등을 직접 만나서 인터뷰하고 방송에 소개했다. 그러던 중 코칭을 1,500명 정도 한 K작가를 인터뷰하였고, 그에게서 권유를 받고 코칭을 시작하게 되었다.

K작가의 권유를 받고 시작한 첫 코칭은 권선희 님의 책이었다. 권선희 님은 보험 분야에서 억대 연봉의 베테랑이신데, 주변 사람들로부터 '책을 써보라'는 이야기를 듣던 차에 내게 코칭을 받게 되었다. 내가 힘들 때 경제적으로 도움을 주셨고, 방송 사역에 후원도 하셨기에 보은의 차원에서 경험도 없는 나는 코칭을 시작하게 되었다. 첫 책[『나를 넘어 꿈을 넘어』(권선희, 2016)]을 코칭하면서 맨땅에 헤딩하듯이 목차 만드는 일, 초고 쓰는 일, 마무리해서 출판사와 연결하는 일 등을 바닥에서부터 하나씩 배워 나갔다.

그렇게 첫 책을 통해 실전경험을 한 나는 책쓰기 과정을 체계적으로 정리할 필요가 있었다. 그래서 연구 끝에 만들어 낸 결과물이 '박성배 박사의 책쓰기 건축술 8단계'이다. 이는 책쓰기 과정이 내가 건축을 하면서 경험한 과정과 비슷하다는 데서 착안하였다. 이 '책쓰기 건축술 8단계'를 더 보완하고 정리하여 2018년에 『인생 건축술』이라는 나의 첫 단행본을 출간했다. 『인생 건축술』 출간 후 광화문 교보문고에서 책을 구입한 L작가께서 연락이 와 코칭한 책이 『다시 제자가 온다』이다. 그 후 방송을 계속하면서 코칭을 하던 중에 극동방송 홍보국에서 내 책쓰기 코칭 사역을 멋지게 디자인해주셨다. 그것을 국민일보에 광고를 내어 주었고, 신문 광고를 보고, 방송을 듣고 코칭을 받으러 온 분이 강대석 목사님으로 완성도 높은 『마을목회』(밥북, 2022)를 출간 하였다.

코칭에 결정적인 신뢰를 받게 된 것은 2021년 『내 인생을 다시 쓰는 책쓰기』(밥북)를 출간하면서였다. 표지 책날개에 나온 많은 책들을 코칭하게 되었고, 2024년에 코칭한 『굿 닥터』(김태균)와 『사람을 키우라』(김신회)는 베스트셀러가 되었다. 그리고 대한민국 최고의 양복장인인 손외식 님의 자서전인 『아직 끝나지 않은 열정』 등을 코칭하면서 점점 더 전문성과 신뢰를 얻게 되었다. 내가 하는 코칭은 건축의 체험을 통해서 하는 '박성배 책쓰기 건축술 8단계'이다. 집을 지을 때, 먼저 설계도를 완벽하게 만든 후에 집을 짓고, 완공하여 입주하듯이, 나는 목차 설계도를 완벽하게 만든 후에,

글을 써서 초고를 완성하고, 출간을 할 수 있도록 하는, 철저한 '책임 시공 코칭'이다. 이런 시스템으로 80여 권을 코칭하면서 어느 것 하나 허투루 할 수 없었다.

이 책은 책쓰기 관련으로는 다섯 번째이다. 희망하는 것은, 그동안 100여권의 책을 만들면서 쌓은 '박성배 책쓰기 건축술 8단계'의 노하우를 통해 앞으로 5-1,000(5,000) 비전을 더 효과적으로 해나가는 일이다. 2009년부터 2025년까지 17년간 독서와 책 쓰기를 통해서 인생의 큰 도약을 경험한 것처럼, 이 책을 읽는 독자들께서도 책쓰기 도전으로 인생의 큰 전환점과 도약을 경험하기를 바란다. 17년간 책을 보고, 글을 쓰고, 방송을 하고, 코칭을 하면서 겪은 일을 한마디로 표현하면 다음과 같다.

한 권의 책을 짓는 것은 인생을 브랜딩하는 최고의 방법이다.

부록

부록

박성배 작가의 저서와 코칭한 책들 사례

    2009년 9월부터 절박한 마음으로 영종도서관과 골방 서재에서 독서를 하고 글쓰기를 한 결과 만여 권 정도의 책을 보면서 내공을 쌓았고, 100여 권의 책을 만들면서 강의하고, 방송하면서 코칭하는 길이 열리게 되었다. 코칭은 국내와 해외로 점점 더 확장되어 가고 있다. 모든 기적과 같은 일들은 "한 권의 책을 쓰는 일"로부터 시작되었다. 그 내용을 간략히 소개하면 다음과 같다.

● 박성배 작가의 기획 출간, 쓴 책들, 코칭 한 책들 사례

No	책명	저자	출판사	연도	내용
주제: SNS에서 함께 출간한 책					
1	한 걸음 더	박사무엘 외 10인	북셀프	2011	페이스북에 올렸던 글들을 친구들과 함께 출간
2	나는 매일 희망을 보며 행복하다	박사무엘 외 8인	북셀프	2021	인물을 쓴 페이스북에 올린 두 번째 공저 책
주제: 선교사역 기획 출간					
3	아름다운 발걸음	박성배 외 10인	예영	2014	- OM선교사로 헌신했던 선교사들의 모은 글 - 첫 기획 출간도서, 3쇄 찍음, 국민일보 소개 - 출판기념회와 OM선교사들의 사역정리 기획

	주제: 방송사역 후 기획 출간				
4	통일을 앞당겨 주소서	박성배 외 14인	예영	2016	- 극동방송 〈통일을 앞당겨 주소서〉 방송진행 후 15인의 글을 모아 기획 출간 - 통일 분야의 좋은 자료가 됨
	주제: 도서관 강좌 후 기획 출간				
5	다독다독 책·꿈·행복	박성배 외 9인	예영	2018	- 2017년 11월 광주 다독다독 도서관 초청 〈책쓰기 미션〉 후 7인의 글을 모아 출간 - 출판기념회와 독서신문, 국민일보, CGN TV 소개 - 저자들이 극동방송에 출현, 개인저서 발행 준비
	주제: CBS 강좌 후 기획 출간				
6	책 짓기 건축술	박성배 외 9인	예영	2018	- 2018년 CBS 교수로 윤학렬 감독과 강의 - 수강생들과 함께 기획 출간 - 단독 저서 집필 시작의 계기가 됨
	주제: 단행본 코칭 도서				
7	나를 넘어 꿈을 넘어	권선희	블루웨이브	2016	- 보험의 여왕 권선희의 14년 영업 노하우 정리 - 책을 만드는 모든 과정과 코칭의 시작
	주제: 은퇴를 앞둔 목회자 코칭 도서				
8	최고의 순간은 지금부터다	황해영	UCN	2017	은퇴를 앞둔 목회자의 인생 2막 설계를 위한 가이드 북으로 호평을 받음
	주제: 선교사역 이후의 인생 2막 설계				
9	오래된 소원	강석진	홍성사	2015	- 중국 단동에서 선교하던 강석진 선교사가 현장에서 만난 인물의 이야기를 소설화한 책 - 강석진 선교사의 선교 이후 제2의 인생 시작

	주제: 사업가에게 새로운 기회를 제공한 책				
10	베개혁명	황병일	더로드	2017	자신이 세운 회사에 책 출간과 함께 복귀
	주제: 특별한 사역을 책으로 기획 출간				
11	도둑맞은 헌금	이병선	행복에너지	2017	헌금에 관한 특별한 주제로 많은 공감을 얻음
	주제: 인생상담을 책으로 기획 출간				
12	길을 묻는 인생에게	김희숙	행복에너지	2018	길을 묻는 인생들에게 상담한 경험을 출간
13	디아코니아 신학선언	장승익	예영	2018	디아코니아에 대한 명작 가이드북
14	희망레슨	이필경, 최성자	비전북하우스	2018	교회 개척자들에게 희망
15	양탕국 커피가 온다	홍경일, 정문경	비전북하우스	2018	대한민국 최초의 커피의 책
	주제: '꽃피다 시리즈' 기획 출간				
16	목회 꽃피다	기획 박성배 외 12인	렛츠북	2023	목회자들의 목회 이야기를 '꽃피다'로 기획 출간
17	유라시아 선교 꽃피다	기획 박성배 외 12인	렛츠북	2024	유라시아 선교사들의 이야기를 '선교 꽃피다'로 출간
18	인생, 꽃피다	기획 박성배 외 14인	렛츠북	2024	강원극동방송 〈박성배 목사의 책쓰기 코칭〉 프로 진행 후에 '인생, 꽃피다'로 출간
19	목회 꽃피다(서부경남)	기획 박성배 외 13인	렛츠북	2025	서부경남 지역 목회자들의 이야기를 '꽃피다'로 출간

　이렇듯 여러 번의 기획 출간과 코칭을 경험하면서 더욱더 한 권의 책을 출간한다는 것의 소중함을 배우게 되었다. 책을 한 권씩 출간하면서 인생은 한 단계씩 업그레이드 되어 감을 배운다.

17년간 읽은 만여 권의 책 중 박성배 코칭 작가의 추천도서

많은 분이 내게 "어떤 책들을 읽고 일어났느냐?"고 질문을 한다. 그래서 정리를 해보았다. 어느 한 책 소중하지 않은 것 없지만 지난 17년간 몰입하여 도서관과 내 서재에서 읽었던 수많은 책 가운데서 112권을 정리해 보았다. 독자 여러분에게 도움이 되기를 바란다.

● 17년간 읽은 만여 권의 책 중 112권

No	책명	저자	내용
1	완벽에의 충동	정진홍	징기스칸의 어린 시절을 통해 생존독서 시작
2	신약성경 로마서	바울	파산의 위기를 겪으면서 로마서를 통해 힘을 얻고 일어남
3	11만 번의 실패, 그럼에도 불구하고	이대희	역경을 딛고 일어 선 사람들을 통해 역격극복의 다짐
4	내가 꿈을 이루면 나는 누군가의 꿈이 된다	이도준	파산의 고통 속에서 용기를 얻고, 그들에게도 힘이 되겠다고 다짐
5	작가의 방	박래부	작가 6인의 서재 이야기를 통해 내 서재에 대한 꿈을 키웠음
6	하루 10분 독서의 힘	임원화	간호사로서 힘든 시기를 겪을 때 독서로 극복하고 출간한 책이라서 깊이 공감
7	위대한 결단	이채윤	시대와 역사를 바꾼 72인의 인물들의 이야기가 내게 큰 용기
8	10년차 직장인, 사표대신 책을 써라	김태광	한 권의 책을 출간하는 것이 얼마나 중요한가를 배움, 코칭 권면을 받았음

9	세상 중심에 서다	한홍	조용하나 철저하고 치밀하게 준비하는 사람, 침묵하며 하나님께 기도하며 기다리는 사람, 진실하고 뜨거운 언어로 하나님 백성들의 가슴에 불을 댕기는 사람 등의 표현이 내 목표가 되었음
10	리더십의 비밀	홍영기	위대한 지도자는 고난을 통과하면서 만들어진다는 말에 용기
11	48분 기적의 독서법	김병완	독서법에 관한한 최고의 책. 내 멘토
12	광야수업	김영진	광야수업을 읽으면서 내 인생의 광야수업을 받음
13	한 가지 법칙	김병완	작가에게 코칭을 받으면서 저자에게 직접 받은 책. 나도 글을 쓸 수 있다는 자신감을 갖게 된 책
14	공감 스피치	이서영	스피치와 커뮤니케이션에 대해 실제적인 배움
15	나는 도서관에서 기적을 만났다	김병완	도서관에서 책을 읽고 인생이 변한 것이 나와 같다. 저자의 교보 특강에서 만나서 코칭을 시작하기로 결정한 책
16	우리가 몰랐던 사랑의 기술	박혜성	저자의 사랑과 성에 대한 구체적이고 실제적인 이야기
17	가슴이 뛰는 한 나이는 없다	김욱	80이 넘어 지은 저자의 첫 책으로 노재의 시대를 말하고 있음
18	99% 성공한 1%의 사람들	엔슈에친	오프라 윈프리, 넬슨 만델라, 스티브 호킹, 레닌, 드골 등의 삶을 만남
19	브런치 하실래요	복일경	밥북의 책으로 이번 책을 쓰는데 참조하였음
20	인생강독	공병호	고난의 때에 지혜로운 해법을 얻었음
21	책 읽는 사람이 세계를 이끈다	김영진	독서의 유익에 대해서 실제적으로 배울 수 있음
22	꿈을 이루기에 너무 늦은 나이란 없다	이형진	나이에 관계없이 꿈을 꾸고 꿈을 이루어간 사람들의 이야기
23	인생을 글로 치유하는 법	에버크롬비	작가들이 뽑은 최고의 글쓰기 멘토
24	럭키	김도윤	작가 김도윤의 뜨거운 열정과 성장을 배움

25	인생을 바꾸는 부자습관	콜리	부자들의 습관을 구체적으로 씀. 가장 중요한 습관은 독서 습관
26	에세이 쓰는 법	이연실	책을 쓰고 코칭하는 바른 정신과 열정을 배운 책
27	매일 아침 써봤니?	김민식	MBC 드라마 PD로 7년을 매일같이 쓰면서 시작된 능동태 라이프
28	살면서 꼭 알아야 할 99가지 이야기	한빙	좌절과 실패를 이기는 힘을 이 책에서 배움
29	지금 당장 도서관으로 가라	유길문, 김승연	내 삶을 바꾸는 삼천 권 독서의 힘을 만날 수 있음
30	한 권으로 끝내는 책 쓰기 특강	임원화	책 쓰기에 관해서 실제적이고 구체적으로 쓴 좋은 가이드북
31	책속의 향기가 운명을 바꾼다	다이에나 홍	책으로 인생을 만들어간 가장 실제적인 책
32	고난의 선물	정약용	목민심서 200년의 숙성된 지혜의 문장들. 유배지에서 보낸 편지
33	하나님의 타이밍	오스힐먼	요셉과 같은 고난의 이유를 이 책에서 만남
34	도널드 트럼프 억만장자 마인드	도널드 트럼프	트럼프의 오늘이 있게 한 구체적인 마인드를 읽을 수 있는 책
35	느리게 더 느리게	장사오형	하버드대 명강의로 행복한 인생을 살아가는 지혜를 배움
36	아름답게 욕망하라	조주희	대한민국 대표 오신기자 조주희가 전하는 삶의 조언들
37	네 안에 잠든 거인을 깨워라	앤서니 라빈스	변화심리학자 앤서니 라빈스의 체험적 고백록
38	자크아탈리 등대	자크 아탈리	자크아탈리가 전하는 23인의 등대와 같은 멘토들의 이야기
39	멀리가려면 함께 가라	이종선	80만 독자의 심금을 울린 이종선의 명작
40	위대한 결단의 순간	김선걸 외	인생의 갈림길에서 후회 없이 도약하기 위한 위대한 결단
41	책 읽는 젊은이에게 미래가 있다	조만제	즐거운 책 읽기를 위한 조만제의 역작
42	그래도 계속가라	조셉 M. 마셜	가장 힘들 때 앞을 향해서 한걸음 앞으로 나아가게 된 책
43	20세기를 움직인 지도자들	리차드 닉슨	리차드 닉슨이 20년간 연구한 지도자들에 관한 체험적 명작

44	1만권 독서법	인나미 아쓰시	1만 권의 책 세상을 만나는 운명을 바꾸는 책 읽기 비법이 소개
45	이태리건국 삼걸전	량치차오	이태리 통일을 이룬 마찌니, 카부르, 가리발디의 이야기
46	로마제국 쇠망사	에드워드 기번	평생 독신으로 살면서 26년간에 걸쳐서 쓴 에드워드 기번의 역작
47	무스타파 케말 아타튀르크	앤드류 망고	어린 시절 읽었던 케말파샤의 이야기를 앤드류 망고의 전기로 다시 읽음
48	새무얼 스마일즈의 자조론	새무얼 스마일즈	인간이 최선을 다하여 살아가야 함을 기록한 최고의 책
49	링컨	프래드 채플린	문학적 표현으로 링컨에 관한 깊이 있는 묘사. 링컨을 만든 것은 책임을 보여줌
50	스티브 잡스	월터 아이작슨	스티브 잡스에 관한 최고의 자서전으로 925페이지에 달함
51	조선상고사/한국통사	신채호, 박은식	역사가 어두울 때 민족의 역사를 인물 연구로 이어 간 애국심
52	세종이라면	박현모	세종에 관한 연구로서는 최고의 역작
53	그리고 우리는 거기에 있었다	크리스치안 퓌러	독일 통일의 비밀을 이 책을 통해서 알 수 있음
54	명품인생을 만드는 10년 법칙	공병호	어느 분야든지 전문가가 되려면 10년 노력해야 함을 배움
55	데일카네기 인간관계론	데일 카네기	자기계발서의 원전으로 인간관계론의 책으로는 최고
56	지도자의 격	모리야 히로시	중국 고전 24군으로 읽는 매력적인 리더의 조건, 중국 3천년의 인간학
57	하나님의 연금술	찰스 스탠리	고난을 통해서 나를 연단하시는 하나님의 연금술을 만남
58	대불황과 실패에도 굴하지 않았던 사람들	안의정	뜨거운 열정으로 오늘 죽을 것처럼 최선을 다해 산 사람들의 이야기
59	하나님의 인생 레슨	릭 워렌	고난의 의미를 하나님의 시각으로 해석
60	광야에서 하나님을 만나다	마이크 팔라비치	내 인생의 광야수업을 감당할 힘을 이 책에서 얻음
61	여자의 모든 인생은 20대에 결정된다	남인숙	80만 독자의 사랑을 받은 남인숙 작가의 첫 책

62	1인 기업이 갑이다	운석일	1인 기업가로서의 삶을 살아가는데 구체적인 가이드
63	대한민국 최고들은 왜 잘하는 것에 미쳤을까	이근미	저자가 명사 1,000명을 만난 후에 정리한 49가지 제안
64	하버드 글쓰기 강의	바버라 베이그	30년 경력의 글쓰기 명강사가 말하는 글쓰기의 명작
65	마음이 꺾일 때 나를 구한 한 마디	히스이 고타로	2013년 파산을 앞두고 가장 힘들 때 읽고 힘을 얻은 책
66	새우잠을 자더라도 고래꿈을 꾸어라	김선재	파산을 겪으면서도 다시 꿈을 꾸게 한 책들 중 하나
67	마흔 이후에 성공한 사람들	알렌 줄로	마흔 이후에 성공한 진정한 인생의 승리자들의 삶을 감동적으로 만남
68	내가 상상하면 꿈이 현실이 된다	김새해	저자의 체험적 고백이 담겨있는 희망의 글
69	책 쓰기의 모든 것	송숙희	392페이지에 달하는 책 쓰기에 관한 전문가의 노하우가 담김
70	이지성의 꿈꾸는 다락방	이지성	생생하게 꿈꾸면 이루어지는 『꿈꾸는 다락방』의 개정판
71	언어의 온도	이기주	KBS 방송에서 소개 후 100만 독자의 사랑을 받은 책
72	대한민국 건국의 기획자들	김용삼	해방 이후에 대한민국을 세운 사람들의 이야기
73	광야를 정복한 영적 거인	마크 애터버리	내 인생의 광야 여정에서 만난 오아시스와 같은 책
74	상처는 나의 힘	양광모	자신의 한계를 극복하고 승리한 사람들의 뜨거운 이야기
75	위인들의 성공습관	스털링 W 실 외	에미슨, 처칠, 링컨, 조지 워싱턴, 넬슨, 나폴레옹 등의 인생 스토리를 만날 수 있음
76	내 인생에 힘이 되어준 한 마디	정호승	제목 그대로 "내 인생에 힘이 되어준 한 마디"
77	리더의 탄생	존 어데어	위기의 시대에는 언제나 위대한 리더가 있었음을 배움
78	가슴 뛰는 삶	강헌구	내 인생이 가장 힘들고 어려울 때 목양실에 엎드려 읽은 책
79	회복 탄력성	김주환	시련을 행운으로 바꾸는 유쾌한 비밀이 담겨 이쓴 책

80	리딩으로 리드하라	이지성	인문학 독서와 성경의 균형이 필요함을 배운 책
81	생각을 바꿔보라 희망이 보인다	강석규	호서대 설립자인 강석규 박사의 믿음과 희망 이야기
82	이순신, 신은 이미 준비를 마치었나이다	김종대	이순신에 관한 책 중에서 가장 깊이 있는 역작
83	어떻게 인생을 살 것인가	쑤린	하버드대 인생학 명강의
84	정도전과 그의 시대	이덕일	백성이 주인 되는 나라를 꿈꾼 정도전의 생애를 잘 설명함
85	종이 위의 기적, 쓰면 이루어진다	헨리에트 앤 클라우저	당신이 펜을 드는 순간, 거짓말처럼 모든 것이 이루어진다는 내용
86	영적 거장의 리더십	강준민	내 안에 있는 영적 거장을 깨울 수 있도록 도전 받은 책
87	나는 브랜드다	조연심	책을 쓰게 된 구체적인 도전을 받고 시작하게 된 책
88	길이 없으면 길을 만들며 간다	신용호	교보문고 창업자 신용호의 자서전
89	하나님은 너를 포기하지 않는다	맥스 루케이도	어려울 때 하나님의 사랑을 붙잡은 책
90	기대를 현실로 바꾸는 혼자 있는 시간의 힘	사이토 다카시	10년 독서로 도역한 사이토 다카시를 만날 수 있었던 책
91	목회자의 글쓰기	강준민	영혼을 치유하는 글쓰기의 힘을 만났음
92	덴마크의 아버지 그룬트비	폴담	폐허에서 덴마크를 만든 그룬트비를 만날 수 있었음
93	UN도 감동한 위대한 지도자 저우언라이	김상문	중국을 만든 저우언라이의 삶과 인격을 만날 수 있었음
94	거침없는 믿음의 사람 허드슨 테일러	허드슨 테일러	중국 13억 영혼에게 복음을 전한 믿음의 사람 허드슨 테일러의 전기중에 압권
95	18시간 몰입의 법칙	이지성	어려울 때 포기하지 않고 글쓰기 하며 노력할 수 있도록 동기부여를 받았음
96	프로페셔널의 조건	피터드러커	현대 경영학의 아버지 피터 드러커의 역작으로 도전 받음
97	무지개 원리	차동엽	절망은 없고, 비바람이 지나면 반드시 무지개가 뜬다는 데 위로

98	다산에게 인생을 배우다	전도근	다산 정약용의 삶에서 배우는 인생 지침서
99	리더의 인생수업	삼성경제연구소	위대한 리더를 만든 20가지의 힘이 기록되어 있음
100	공병호의 내공	공병호	뿌리 깊은 나무처럼, 인생 내공이 깊어지는 비결이 담겨있음
101	기적을 만드는 사람 나폴레온 힐	정형권	나폴레온 힐의 작가 정신과 성공법칙을 잘 알 수 있는 책
102	세종처럼 이순신처럼	노병천	세종과 이순신 연구의 최고 전문가인 노병천 박사의 역작
103	교사의 책쓰기	배정화	교사들에게 책쓰기를 가이드하지만 일반인에게도 유용한 책
104	세계사를 바꾼 50권의 책	대니얼 스미스	세계 역사를 움직인 명저 50권에 대한 내용과 배경 설명
105	놓치고 싶지 않은 나의 꿈 나의 인생	나폴레온 힐	꼭 읽어야 할 인생 행복과 성공을 위한 필독서
106	말 한마디로 억만장자가 된 사람들	김옥림	말 한마디로 백만장자가 된 사람들의 감동적인 이야기
107	생각하라 그리고 부자가 되어라	나폴레온 힐	생생하게 담은 부와 성공을 현실로 만드는 13가지 원칙
108	세이노의 가르침	세이노	1,000억 부자가 들려주는 인생의 진솔한 조언
109	모티베이터	조서환	한국 마케팅의 거목 조서환 박사의 멈출 줄 모르는 도전정신과 용기
110	당신의 매력을 브랜딩하라	송은영	대한민국 얼굴학 박사가 들려주는 인생의 지혜
111	소스 코드: 더 비기닝	빌 게이츠	빌 게이츠의 첫 자서전으로 세계 최고 부자 빌 게이츠의 인생과 성공 비결
112	워런 버핏 웨이	로버트 해그스트롬	워런 버핏의 첫 평전으로 세계 최고 투자가의 성공 비결과 인생 철학

저자 극동방송 인터뷰 소개

책쓰기 코칭 전문작가 박성배 목사님과 함께!
녹음 / 2021년 6월 8일(화) 오후3시

담당 / 채평기PD

채평기 극동방송 시청자 여러분 안녕하십니까? 오늘은 책쓰기 코칭 전문작가이신 박성배 목사님과 함께 하는 시간을 갖도록 하겠습니다. 먼저 박성배 목사님의 자기소개를 부탁드립니다.

박성배 극동방송 애청자 여러분 안녕하십니까? 10여 년간 책쓰기 코칭을 해오고 있는 박성배 목사입니다. 저는 극동방송에서는 〈통일을 앞당겨 주소서〉, 〈히즈북 영상 칼럼〉, 〈희망 한국이 온다〉 등의 프로그램을 진행하였고, 오늘은 제가 하고 있는 책쓰기 코칭 사역에 관해서 이야기를 나누려고 합니다.

채평기 책쓰기 코칭 사역은 어떻게 시작하시게 된 건가요?

박성배 예, 책쓰기 코칭을 공식적으로 시작하게 된 것은 2016년에 권선희 저자의 [나를 넘어 꿈을 넘어] 책을 첫 코칭하면서부터였습니다. 보험 억대 연봉자인 권선희 권사님은 제가 극동방송 히즈북 영상을 찍을 때, 기도의 응답으로 1년간 전파선교사로 후원을 해주신 분입니다. 그렇게 맨땅에 헤딩하듯이 시작한 코칭이 확장되어서 50여 명 정도를 코칭 하였고, 요즘은 우리 교계의 큰 믿음의 발자취를 남기신 분들의 책을 코칭하고 있습니다.

채평기 책쓰기 코칭을 하시기 전에 어떤 준비 과정이 있으셨나요?

박성배 저는 책쓰기 코칭 사역을 하리라는 계획을 1도 세운 적이 없습니다. 다만 2007년에 인천공항이 있는 공항신도시에 교회를 3층으로 건축하고 행복한 목회를 하다가 하늘나라에 가는 것이 꿈이었습니다. 그런데, 건축하면서 발생한 빚과 이자로 17년간 고통을 겪는 동안 인근 도서관에서 1만 권 이상의 책을 보고, 13권의 책을 쓰게 되었고 강의, 극동방송에서 방송, 그리고 자연스럽게 책으로 알려지면서 코칭도 하는 코칭 전문작가 목사가 되었습니다.

채평기 그럼, 목사님이 진행하는 코칭은 어떤 방식으로 진행하시나요?

박성배 제가 진행하는 코칭은 "책쓰기 인생브랜딩"입니다. 믿지 않는 세상에서는 책 한 권 지도해서 출간하는 것이 목표이지만, 저는 책쓰기 건축술 8단계를 통해서 각 사람을 믿음으로 책을 쓰게 함으로써 브랜딩하는 것을 목표로 합니다. 한 권의 책을 쓰게 함으로써 그 사람의 인생이 빛나게 하는, 날개를 달아주는 역할을 합니다.

채평기 책쓰기 건축술 8단계는 어떻게 만들게 되셨나요?

박성배 교회 건축을 하면서 배운 원리를 책쓰기 건축술로 만들었습니다. 저만의 책쓰기 코칭 방식이라고 할 수 있습니다. 책쓰기 관련 책 100권 이상을 보고 연구하고, 건축의 경험을 융합해서 "책쓰기 건축술 8단계"를 만들어서 실행하고 있습니다.

채평기 책쓰기 코칭 8단계의 내용은 구체적으로 무엇인가요?

박성배 1. 스토리텔링, 2. 컨셉잡기, 3. 목차 초안 잡기 및 수정, 4. 목차 확정하기, 5. 저자 프로필, 프롤로그 쓰기, 6. 한 꼭지 쓰기, 7. 한 꼭지 쓰기 수정 및 초고 완성, 8. 에필로그, 출간계획서 쓰기, 마케팅 계획입니다.

채평기 책쓰기 코칭을 10여 년간 해오시면서 인상 깊은 코칭은 어떤 분이 계셨는지요?

박성배 그동안 50여 분의 책을 코칭 출간하면서 모두 다 의미 있는 코칭이었지만, 그중에 몇 분만 말씀드리겠습니다. 억대 보험 연봉자, 권선희 저자의 『나를 넘어 꿈을 넘어』, 대한민국 최초의 커피 홍경일, 정문경 저자의 『양탕국 커피가 온다』, 대한민국 최고의 베개 전문가 황병일 저자의 『베개 혁명』 등입니다.

채평기 현재 진행하고 계신 코칭과 준비하고 계신 코칭은 어떤 분들이 계신가요?

박성배 요즘은 10여 년간 해온 코칭이 알려지고 전문성과 완성도가 높아지면서 교계의 중진급 목회자들과 선교사님들을 많이 하고 있고, 또 연결되고 있습니다.

최근 진행한 코칭은 길자연 목사의 『목회 보감』입니다. 가을에 출간 예정 코칭 중인 분들은 정균오 선교사의 『미션콘비벤츠』, 김종련 선교사의 『인도네시아 이야기』, 이종선 목사의 『기도가 만든 어메이징 스토리』, 이형우 목사의 『나는 행복한 바보목사입니다』, 임준식 목사의 『속량의 은혜를 받고』, 원광기 목사의 『비와 바람의 대화』, 최영아 작가의 『힐링 예술가』 등입니다.

채평기 책쓰기 코칭 전문작가 목사로서 기도 제목은 무엇인지요?

박성배 제 책 100권 쓰기, 코칭 1000명이 우선 목표입니다. 책쓰기 코칭을 통해서 통일코리아와 미션코리아의 인재를 양성하는 것이 목표입니다. 인천공항이 있는 영종도 공항신도시에 미션 센터를 준비하고 선교사, 목회자, 사회 각계각층의 리더들을 코칭하여 브랜딩하는 것이 기도 제목입니다. 그리고, 극동방송 이사장님이신 김장환 목사님의 책을 코칭하려고 기도 중입니다.

채평기 예, 책쓰기 코칭의 도움을 받고 싶으신 분들은 박성배 목사님께 010-5354-8932로 연락 드리면 될 것 같습니다. (마지막 클로징 멘트) 오늘 출연해 주신 대한민국 대표 책쓰기 코칭 전문작가이신 박성배 목사님께 감사드립니다.

저자 극동방송 인터뷰 소개 2

'박성배 목사의 책쓰기 코칭' 진행자 박성배 목사 인터뷰 (1)

김혜미 극동방송 가족 여러분, 한 주간도 평안하셨습니까? 오늘은 〈박성배 목사의 책쓰기 코칭〉 진행자인 박성배 목사님의 책쓰기 스토리를 듣는 시간을 갖고자 합니다.

김혜미 먼저 박성배 목사님께서 극동방송 애청자들에게 인사를 나누어 주시기 바랍니다.

박성배 극동방송 애청자 여러분 반갑습니다. 매 주일 8:30~9시에 영동극동방송에서 〈박성배 목사의 책쓰기 코칭〉을 진행하고 있는 박성배 목사입니다.

김혜미 목회만 하시던 박성배 목사님이 어떻게 책쓰기를 하기 시작하셨는지요?

박성배 책쓰기를 시작한 계기와 현재에 이른 이야기(건축 후 어려울 때 페북에 올렸던 글로 첫 책을 출간하면서 글쓰기를 시작하여 2024년 현재 20여 권의 책을 쓰게 된 과정 소개)

김혜미 첫 책을 SNS의 공저로 출간하시고, 공저 기획을 10여 권을 하신 것으로 알고 있습니다. 공저 기획은 어떻게 하게 되셨는지요?

박성배 첫 공저 『아름다운 발걸음』 이후 영동극동방송 기획 『통일을 앞당겨 주소서』 출간, 『다독다독 책꿈행복』, 『책짓기 건축술』, 『인생 미션』, 『통일을 앞당겨 주소서』, 『목회 꽃피다』, 『서부 경남 목회 꽃피다』, 『인생 꽃피다』(당시 출간 예정) 등 기획과 출간 과정 소개

김혜미 극동방송과 함께 방송했던 『통일을 앞당겨 주소서』를 책으로 출간하셨고, 지금 진행하시는 〈박성배 목사의 책쓰기 코칭〉을 『인생 꽃피다』로 출간 준비 중이신데, 방송 후에 책으로 출간하시는 이유는 무엇입니까?

박성배 방송 후에 책으로 출간하는 이유는 기록을 남기는 일입니다.

김혜미 교회 책쓰기 관련 책도 몇 권 쓰셨는데, 어떻게 책쓰기 관련 책을 쓰시게 되셨는지요?

박성배 두 번째 책을 쓰고 나니까 주변 사람들이 '책쓰는 방법을 알려 달라'고 해서, 쓴 책이 『책쓰기 미션』(청어)입니다. 이 책은 '왜? 책을 써야 하는지를 알려주고 책쓰기는 미션임을 깨닫게 하는 내용입니다.

김혜미 첫 번째 단행본을 2015년에 출간하셨는데, 그 제목이 『일어나다』입니다. 그 의미는 무엇입니까?

박성배 나락으로 추락했지만 이를 딛고 재기하려는 의지를 담아 제목을 『일어나다』로 하였는데 이 책이 나온 이후 극동방송에서 방송하고 일어나기 시작하였습니다.

김혜미 책을 쓰시고 국내의 여러 곳에서 책쓰기 강좌를 하신 것으로 알고 있습니다. 『다독다독 책꿈행복』이 광주 다독다독 도서관에서 책쓰기 강좌 후에 쓰신 책이시지요?

박성배 7번째 책인 『한국이 온다』 후 기도 응답으로 광주에서 책쓰기 강좌 후에 쓰게 되었습니다.

김혜미 베트남에 강좌를 다녀오시고 출간하신 책이 『인생미션』인데, 그 이야기를 좀 해주시지요?

박성배 베트남 호찌민 강좌 후에 쓴 책이 『인생미션』입니다.

김혜미 쓰신 책 중에 일반인들을 대상으로 쓰신 책들이 있는데, 어떤 책들이 있으신지요?

박성배 『한국이 온다』, 『꿋꿋이 나답게 살고 싶다』, 『내 인생을 다시 쓰는 책쓰기』 등입니다.

김혜미 쓰신 믿음의 책 중에 『한국교회의 아버지 사무엘 마펫』은 영동극동방송에서도 낭독을 했었는데, 이 책은 어떻게 쓰시게 되셨는지를 이야기해주시지요?

박성배 『한국교회의 아버지 사무엘 마펫』은 한국 초기교회의 기초를 놓은 평양신학교 설립자 사무엘 마펫의 평전입니다.

김혜미 박성배 목사님의 책쓰기 이야기를 듣고 있습니다. 책쓰기의 멘토가 되시는 분들이 계실 텐데, 어떤 분들로부터 책

	쓰기를 배우셨는지요?
박성배	30인의 거장에게 배우는 글쓰기『글쓰기 꽃피다(가제)』는 요즘 쓰고 있는 책입니다. 다윗, 바울은 대표적인 믿음 글쓰기의 모델입니다.
김혜미	마지막으로 기도제목을 나누어 주시기 바랍니다.
박성배	〈박성배 목사의 책쓰기 코칭〉 프로를 잘 진행하면서 좋은 책을 써가기를 소망합니다.『인생 꽃피다』10월에 잘 출간되도록 기도해 주십시오.

'박성배 목사의 책쓰기 코칭' 진행자 박성배 목사 인터뷰 (2)

김혜미	극동방송 가족 여러분, 한 주간도 평안하셨습니까? 오늘은 〈박성배 목사의 책쓰기 코칭〉 진행자인 박성배 목사님의 책쓰기 코칭 스토리를 듣는 시간을 갖고자 합니다.
김혜미	먼저 박성배 목사님께서 극동방송 애청자들에게 인사를 나누어 주시기 바랍니다.
박성배	극동방송 애청자 여러분 반갑습니다. 매 주일 8:30~9시에 영동극동방송에서 〈박성배 목사의 책쓰기 코칭〉을 진행하고 있는 박성배 목사입니다.

김혜미   목회만 하시던 박성배 목사님이 어떻게 '책쓰기 코칭'을 하기 시작하셨는지요?

박성배   건축 후 어려울 때 재정적으로 도와주신 영락교회 권선희 권사님의 책을 만들면서 코칭을 시작하게 되었습니다. 그 후 권선희 권사님 책『나를 넘어 꿈을 넘어』등 80 여권을 코칭했습니다.

김혜미   10여 년간 책쓰기 코칭을 해오셨는데, 그동안 어떤 과정을 통해서 코칭 전문가로 인정을 받게 되셨는지요?

박성배   건축의 경험으로 책쓰기 건축술 8단계를 바탕으로 쓴 책이 2018년에 나온『인생 건축술』입니다. 그 후 건축술 8단계에 따라서 코칭을 하고 있습니다.

김혜미   책쓰기 코칭 사역과 극동방송과는 어떤 관계로 성장해 오셨는지요?

박성배   첫 책『일어나다』출간 후 극동방송에서 방송을 시작하고, 〈히즈북 영상 칼럼〉때 전국에 방송이 나가게 됐습니다. 박성배 책쓰기 코칭 브랜드 이미지는 극동방송 홍보국(당시 부장: 채평기, 현 제주지부 지사장)에서 완성해 주었고, 이것을 국민일보에 광고를 내면서 많이 알려지고 신뢰를 받는 책쓰기 코칭을 하기 시작했습니다.

김혜미   현재는『내 인생을 다시 쓰는 책쓰기』로 코칭을 하고 계신데, 그 책은 어떤 내용을 쓰셨는지요?

박성배   1장은 성경과 독서의 중요성, 2장은 책쓰고 인생이 바뀐 사람들 이야기, 3장은 책쓰기 미션, 4장은 책쓰기 건축술 8단계입니다.

김혜미 책쓰기 건축술 8단계로 코칭한 대표적인 책들이 어떤 책이 있는지요?

박성배 『베개 혁명』(대한민국 최고의 베개 전문가), 『양탕국 커피가 온다』(커피 전문가), 『아직 끝나지 않은 열정』(손외식 양복 전문가), 『굿닥터』(김태균 자연치료 전문가), 『사람을 키우라』(김신회) 등이 있습니다.

김혜미 목회자의 책 중에는 어떤 책들이 있으신지요?

박성배 길자연 목사의 『목회 보감』, 오철훈 목사의 『화목의 목회』, 강대석 목사의 『마을 목회』, 이형우 목사의 『행복한 바보목사』, 김신회 목사의 『사람을 키우라』 등, 다수가 있습니다.

김혜미 선교사님들 책 코칭은 어떤 책을 하셨는지요?

박성배 정균오 선교사의 『온화한 미소의 사람 김동익』, 『미션 콘비벤츠』, 그리고 공저로 쓴 『유라시아 선교 꽃피다』가 있습니다.

김혜미 '꽃피다 시리즈'로 책을 기획하고 출간하고 계신데, 설명을 해주시지요?

박성배 '꽃피다 시리즈'는 목회 꽃피다, 선교 꽃피다, 인생 꽃피다로 계속해 나가려고 합니다.

김혜미 현재 진행 중인 코칭 북은 어떤 것들이 있는지요?

박성배 『서부 경남 목회 꽃피다』, 『인생 꽃피다』, 『손외식의 크리스토퍼 리더십 이야기』(손외식), 『모두 선물이었다』(김정임), 임인채 목사의 『유종지미의 목회자 임인채』, 김지회 박사의 책 등이 있습니다.

김혜미 　'박성배 책쓰기 코칭'을 성경 말씀에 비유하자면, 어떤 말씀입니까?

박성배 　예수님이 마태복음 7장 산상수훈의 결론에서 말씀하셨듯이 반석 위에 집을 짓는 지혜로운 일이라고 할 수 있습니다.

김혜미 　마지막으로 기도 제목을 나누어 주시기 바랍니다.

박성배 　책쓰기 코칭을 통해서 통일한국과 선교한국의 인재를 키워갈 수 있기를 바랍니다. 인천공항신도시에 세계선교센터를 준비하고 민족과 열방 가운데서 사역하기를 소망합니다.

〈박성배 목사의 책쓰기 코칭〉 진행자 박성배 목사 인터뷰 (3)

김혜미 　극동방송 가족 여러분, 한 주간도 평안하셨습니까? 오늘은 〈박성배 목사의 책쓰기 코칭〉 진행자인 박성배 목사님의 '책쓰기 건축술 8단계 이야기'를 듣는 시간을 갖고자 합니다.

김혜미 　먼저 박성배 목사님께서 극동방송 애청자들에게 인사를

	나누어 주시기 바랍니다.
박성배	극동방송 애청자 여러분 반갑습니다. 매 주일 8:30~9시에 영동극동방송에서 〈박성배 목사의 책쓰기 코칭〉을 진행하고 있는 박성배 목사입니다.
김혜미	'책쓰기 건축술 8단계'로 100여 권의 책을 만들어 오셨는데, 책쓰기 건축술 8단계는 어떻게 만들게 되셨는지요?
박성배	교회 건물 건축 후 겪게 된 어려움의 때에 성경과 인문학 책을 도서관과 서재에서 10여 년 집중해서 읽고 연구하면서 만들게 된 것이 '박성배 책쓰기 건축술 8단계'입니다.
김혜미	'박성배 책쓰기 건축술 8단계'를 설명해주세요?
박성배	책쓰기 건축술 8단계는, 구상단계에서 제목과 키워드를 찾고, 두 번째 단계인 설계도 짜기에서 목차를 만들고, 목차를 확정합니다. 그리고, 세 번째로 쓰기 단계에서 프로필과 프롤로그를 쓰고, 한 꼭지 쓰기로 전체 방향을 잡습니다. 그리고 마지막 단계에서 완공과 입주인데, 7단계가 초고 완성, 8단계가 책 출간으로 브랜드 완성입니다.
김혜미	책 한 권을 쓰려면 어려운 점이 무엇일까요?
박성배	목차 만들기, 초고 완성, 출판사 찾아서 출간하기의 세 단계를 잘 넘어야 좋은 책을 출간할 수 있습니다.
김혜미	책쓰기 건축술 8단계로 만든 최근의 대표적인 책들은 어떤 책들이 있는지요?
박성배	『굿닥터』와 『사람을 키우라』가 베스트셀러가 되어서 코칭

17년 만에 베스트셀러 코칭전문작가가 되었고, 정균오 선교사의 두 권의 책 『김동익 평전』과 『미션 콘비벤츠』는 완성도가 높은 책입니다. 그리고 현재 방송 중인 내용을 9월에 출간할 『인생 꽃피다』도 완성도를 높여서 만들려고 최선을 다하고 있습니다.

김혜미 책쓰기 건축술 8단계를 통해서 책을 출간하고 극동방송과 함께 함께하는 보람은 무엇입니까?

박성배 극동방송과 함께 성장해왔고, 극동방송과 함께 책쓰기 코칭 사역을 할 수 있는 것이 영광입니다.

김혜미 어떤 분을 롤 모델로 책쓰기 건축술 8단계를 하시는지요?

박성배 저의 책쓰기 건축술 8단계의 모델은 세계 최고의 건축 설계사로 평가받는 프랭크 로이드 라이트입니다. 낙수장, 구겐하임 미술관 등 1,000여 개의 건축물을 설계했듯이, 저도 1,000여 권의 좋은 책 만드는 '책 건축가'가 되려고 합니다.

김혜미 현재까지 100여 권의 책을 만드셨는데, 본인이 생각할 때 가장 만족한 책쓰기 건축술 8단계로 만든 책은 어떤 책인지요?

박성배 영동극동방송에서도 낭독을 한 『한국교회의 아버지 사무엘 마펫』일 것 같습니다. 연세대 은사님이신 한국 최고의 교회사가께서 '역사에 남을 책이다'라고 평가를 해주셨습니다.

김혜미 목회만 하시다가 지금은 '책쓰기 건축술 8단계'로 사역을 하시는데, 어떤 사역이 더 보람이 있으신지요?

박성배 목회는 설교 사역에서 보람을 느꼈고, 책쓰기 건축술 8단계로는 믿음의 사람들을 책쓰기로 세워가는데 큰 보람을 느끼고 있습니다.

김혜미 '책쓰기 건축술 8단계'에서 가장 중요한 단계는 어느 단계입니까?

박성배 3번째 4번째 단계인 '목차 만들기'입니다. 목차는 건축으로는 설계도입니다. 책쓰기 건축술에서도 목차 설계도를 잘 만드는 것이 제일 중요합니다.

김혜미 박성배 목사님의 책쓰기 건축술 8단계 이야기를 듣고 있습니다. 책쓰기 건축술 8단계 관련해서 더 하시고 싶으신 이야기는 무엇인지요?

박성배 결론이 '한 권의 책을 건축하는 것은 인생을 브랜딩하는 최고의 방법이다'입니다. 책쓰기 건축술로 책 한 권을 쓰는 것이 중요합니다.

김혜미 마지막으로 기도제목을 나누어 주시기 바랍니다.

박성배 책쓰기 건축술 8단계로 좋은 책을 많이 만들고, 좋은 사람을 많이 세워가면서, 순수 복음방송인 극동방송과도 계속 동역해 갈 수 있도록 기도해 주십시오.

박성배 책쓰기 건축술 8단계

한 권의 책을 짓는 것은 인생을 건축하는 최고의 방법이다
- 박성배, 『내 인생을 다시 쓰는 책쓰기』 중에서

- **책쓰기 구상하기**	한 권의 책을 꿈꾸며 구상하기
1단계	내 인생의 스토리를 담은 책을 써보라
2단계	내 인생을 대표하는 키워드를 찾아라
- **책쓰기 설계도 짜기**	튼실하고 알찬 설계도 짜기
3단계	독서 내공을 통한 좋은 목차를 만들어 보자
4단계	튼실하게 짜인 콘텐츠 있는 목차를 확정하라
- **책쓰기 시공하기**	신뢰와 책임으로 시공하기
5단계	감동 스토리가 있는 저자 프로필과 프롤로그를 써라
6단계	한 권의 책쓰기는 한 꼭지 쓰기를 통해 시작된다
- **책쓰기 완공과 입주**	집중하여 완공하고 입주하기
7단계	집중도 높은 초고 완성을 위해 혼신의 정성을 다하라
8단계	책 출간으로 내 인생의 브랜드는 완성된다

Epilogue

이제 당신도 한 권의 책을 써보라

성공한 인생은 한 권의 책으로 시작된다.
 책벌레 고미숙 고전 평론가의 인생 2막은 『열하일기』출간으로부터 시작되었다. 아나운서 손미나의 자유로운 인생 2막은 『스페인 너는 자유다』를 쓰면서부터였다. 70권 이상의 책을 쓰면서 왕성한 활동을 하는 정신과 의사 이시형의 새로운 시작도 『배짱으로 삽시다』를 쓰면서였다. 우리가 잘 아는 소설가 조앤 K. 롤링의 화려한 인생 2막도 『해리포터 시리즈』를 쓰면서부터였다. 사무엘 스마일즈는 『자조론』으로 영국인에게 자조의 힘을 일깨웠고 영국을 바꾸었다. 벤저민 프랭클린은 『가난한 리처드의 달력』으로 미국인들에게 부와 성공에 이르는 힘과 지혜를 일깨워주면서, 미국을 세계 최고의 부강국으로 바꾸어 놓았다. 한 사람이 자신의 삶과 한 국가의 운명까지 바꾸는 강력한 힘은 바로 책 쓰기이다.

책을 보고 쓰면서 여기까지 올 수 있었던 인생 여정에 감사하다.
 책을 보고 책을 쓰면서 여기까지 올 수 있었다. 책이 있었기에 고단한 인생의 여정을 걸어서 여기까지 올 수 있었고, 책을 쓰면서 치유받고 위로를 받았다. 책 한 권 한 권을 쓰면서 인생은 업그레이드

되기 시작했고, 한 사람 한 사람을 코칭하면서 그들의 인생에 날개를 달아 줄 수 있었다. 그 모든 것들이 책이 준 기적과도 같은 선물이었다.

20번째 책인 이 책을 쓰면서 지난 17년 동안의 시간을 돌아보다.

작가 장 폴의 말 대로 "우리의 인생은 한 권의 책과 같다"라는 말을 실감하게 된다. 절망에 빠졌던 한 인생이 책과 함께 다시 도약하게 됨을 깊이 감사한다. 돌이켜보면 지난 17년은 고통의 시간이었지만, 책과 함께할 수 있는 시간이었기에 아름답게 재기할 수 있었다. 늘 생각하는 것이지만, 책은 참 끝이 좋다. 책을 읽지 않고, 신세 한탄을 하거나 술을 마셨다면, 아마도 내 인생은 알코올 중독자로 폐인이 되었을지도 모를 일이다. 그러나, 책이 있었기에 고통 중에도 행복하게 미래를 만들어 갈 수 있었다. 2009년경 참 힘들 때, 도서관 열람실에 앉아서 막막한 마음에 아무 책이나 펴놓고 앉아 있었던 때가 생각이 난다. 그리고 차츰 시간이 지나면서 도서관에서 읽은 책들이 내 마음 근육을 단단하게 하였고, 책을 쓰면서 인생이 도약하여 브랜딩되기 시작하였다.

이 책이 독자 여러분에게 책쓰기의 교과서로 등대와 같은 역할을 하길.

인간은 누구나 살아가면서 한두 번은 도저히 일어나기 힘들다고 생각할 만큼, 힘든 시기를 보내게 된다. 그러나 손에 책을 쥐고 읽기 시작했다면 다시 희망을 향해 출발한 것과 같다. 지난 17년 전 그 칠흑같이 어두운 인생의 나날 속에서 나를 찾고자 도서관의 책들을 뒤지면서 몸부림치던 시간이 떠오른다. 도서관 3층 발코니에서 밖을 내다보며 희망이 보이지 않는 아픈 내 인생과 뿌연 내일을 바라보던 그 시간이 다시 떠오른다. 책 덕분에 그 모든 힘겨운 날들을 지나, 지금은 행복한 내일을 맞이하게 되었다. 이것은 아마도 책이 주는 위대한 힘이라고 생각한다.

이 책의 독자 여러분도 자신의 인생에서 책 쓰기를 한 번 시도해 보길 바란다. 이 책의 가이드를 따라서 여러분 인생의 멋진 책을 써보길 바란다. 내가 경험했듯이, 한 권의 책을 쓰고 출간하면서부터 여러분의 인생은 분명히 달라질 것이라고 확신한다. 쓰면 이루어진다.

이제 당신도 한 권의 책을 써보라.

이제 당신 차례이다. 이제 당신도 책 한 권을 써보라. 한 권의 책을 쓰는 것은 인생을 브랜딩하는 최고의 방법이다. 자신을 돌아보며 100세 시대를 현역으로 살아갈 책을 쓴다면, 앞으로 최고의 인생을 살아가게 될 것이다. 한 권의 책으로 멋진 인생 2막을 시작할 여러분의 앞날을 기대한다.

이 책이 출간될 수 있도록 수고해주신 모든 분들에게 감사를 드린다. 책 출간을 격려해준 하나북스 디자이너 채이진 님에게 감사드린다. 출간을 감당해 주시는 밥북 주계수 대표님과 『북플라잉』을 최고의 책으로 만들어 준 편집부의 모든 직원들께도 깊이 감사를 드린다.

책쓰기로 가슴 뛰는 미래의 정거장에 당신을 초대하며
2025년 10월
코칭전문작가 박성배